AF401852

179907

8 LG⁵⁷
14551

MF
P93/645

Syndicalisme

et

Démocratie

DU MÊME AUTEUR

LIBRAIRIE CORNÉLY

Pour la Démocratie française. Conférences populaires
(avec une préface de G. Séailles), 2ᵉ édition....   1 fr.
Vie spirituelle et Action sociale...........   1 fr.
Solidarisme et Libéralisme................   1 fr. 50

LIBRAIRIE ALCAN

Les Idées égalitaires. Étude sociologique, 2ᵉ édition.
Les Sciences sociales en Allemagne. Les méthodes
actuelles, 2ᵉ édition.
La Démocratie devant la Science. Études critiques
sur l'hérédité, la concurrence et la différenciation.
Essais sur le Régime des Castes.

LIBRAIRIE GIARD ET BRIÈRE

Le Solidarisme.

LIBRAIRIE CALMANN-LÉVY

Notes d'un étudiant français en Allemagne. (Jean
Breton.)

LIBRAIRIE DELAGRAVE

**Choix des moralistes français des XVIIᵉ, XVIIIᵉ
et XIXᵉ siècles** (en collaboration avec A. Beaunier).

C. BOUGLÉ

PROFESSEUR A L'UNIVERSITÉ DE TOULOUSE
CHARGÉ D'UN COURS A LA SORBONNE

Syndicalisme

et

Démocratie

IMPRESSIONS ET RÉFLEXIONS

PARIS

ÉDOUARD CORNÉLY ET Cⁱᵉ, ÉDITEURS
101, RUE DE VAUGIRARD, 101

1908

Tous droits réservés

AVANT-PROPOS

*Les événements se sont chargés — depuis
le moment où les articles qui composent ce
livre ont été envoyés à l'imprimeur — d'imposer brutalement, à l'attention publique, le
souci du problème qui leur sert de centre :
le problème des rapports de la démocratie
avec le syndicalisme. Cet été, dans tous les
journaux, la rubrique de l'Agitation syndicale a passé au premier plan. On se battait
jusqu'ici, le plus souvent, à coups d'affiches
et de lettres, de révocations et de meetings,
de circulaires et d'ordres du jour : voici
qu'on se bat à coups de pierres et à coups
de sabre, à coups de revolver et à coups de
carabine. Le ton de la conversation, comme
il est naturel, en devient plus âpre. Les*

discussions en seront forcément plus dramatiques, dans les divers Congrès, — syndicaliste, socialiste ou radical, — qui vont s'ouvrir demain.

Ce n'est pas seulement à Marseille, c'est à Toulouse et à Dijon que le « fait syndical » dominera les débats. Un même souffle anime des masses immenses, et, d'une poussière dispersée, tire des organismes nouveaux. Chaque jour plus nombreux, plus cohérents, plus impérieux, les fonctionnaires se dressent en face de l'État, les ouvriers en face des patrons, les prolétaires de toutes catégories en face de la société bourgeoise. Devant cette espèce de conspiration à ciel ouvert quelle doit être l'attitude de la démocratie? Est-il vrai que ses plus précieuses conquêtes soient, du coup, menacées directement? Pour les sauvegarder dans quelle mesure et sur quels points lui faut-il résister, lui faut-il céder à la poussée? C'est la question du jour.

Pour y chercher une réponse, il n'est pas

inutile d'y avoir réfléchi hier ou avant-hier. Ces tendances dont on aperçoit aujour- d'hui, sous une lumière crue, le conflit ou le concours, il n'est pas inutile de les avoir vues se former. C'est de cette genèse que l'auteur de ces articles a voulu être le spectateur. Il ne s'est pas contenté, depuis plusieurs années, de dépouiller les livres et les revues ; il n'a pas seulement passé en revue les doctrines — de celles qui font du syndicalisme l'antithèse de la démocratie à celles qui en font le complément logique. Il s'est efforcé de voir les hommes à l'œuvre, dans le feu du débat. Il a suivi les réunions, syndicales ou politiques, les Congrès, natio- naux ou internationaux. Il a pu ainsi essayer — avec aussi peu de parti pris, espère-t-il, qu'il est possible d'en apporter quand soi-même, en politique, on a pris parti — d'indiquer ce que les idées doivent aux rencontres des passions, et les passions elles-mêmes à la pression des circonstances.

C'est cette collection d'impressions, mêlée

de réflexions, qui est offerte telle quelle à ceux qui veulent encore, sans s'abandonner à la seule impulsion du moment, se faire une opinion sur ces problèmes complexes...

Septembre 1908.

BIBLIOTHÈQUE NATIONALE
R. F.
IMPRIMÉS

LES SYNDICATS

DE FONCTIONNAIRES

LES SYNDICATS DE FONCTIONNAIRES ET LES TRANSFORMATIONS DE LA PUISSANCE PUBLIQUE[1]

Les « syndicats de fonctionnaires » ne suscitent pas seulement une foule d'articles de journaux et de discours. Des articles de revue, des livres sont consacrés à la même question[2]. Elle devient le sujet d'études pro-

BIBLIOTHÈQUE R F IMPRIMÉS

---

1. *Revue de métaphysique et de morale.* Septembre 1907.

2. M. Leroy, *les Transformations de la puissance publique : Les syndicats des fonctionnaires*, Paris, Giard et Brière, 1907. *Le Droit des Fonctionnaires*, Rapport au Congrès de la Ligue des Droits de l'Homme de 1907 (*Bulletin officiel* du 30 avril). P. Boncour, *Les Syndicats de Fonctionnaires*, Paris, Cornély, 1906. Voir sur le même sujet les articles de G. Cahen dans la *Revue Bleue* (3 juin, 26 août 1906), Berthélémy et Barthou dans la *Revue de Paris* (15 février et 1er mars 1906), Demartial, Berthod et F. Faure dans la *Revue politique et parlementaire* (mars 1905, mars 1906, juin 1907), Beaubois et Laurin dans *le Mouvement socialiste* (avril et mars 1905, février 1906), Rodrigues et Fournière dans la *Revue socialiste* (octobre 1905, mai 1907), Guieysse dans *Pages libres* (18 novembre 1905). La même revue a publié, dans trois numéros consécutifs (15, 22, 29 juin 1907), une enquête sur le *Syndicalisme dans l'enseignement primaire*, résumée par M. Kahn.

prement philosophiques. On attire de plus
en plus volontiers l'attention non seulement
sur les conséquences prochaines et superfi-
cielles, mais sur les conséquences lointaines
et profondes du mouvement qui agite le
monde des fonctionnaires. On remonte aux
principes, pour discerner ceux que cette agitation ébranle et ceux qu'elle consolide. On
oppose l'un à l'autre différents types d'ordre
social. On provoque ainsi des réflexions sur
la constitution des sociétés et les transformations qu'elles doivent s'imposer pour se
prêter aux exigences de la démocratie.

Il vaut la peine d'essayer de dégager ici
les lignes principales de cette philosophie
sociale, et de classer, en même temps que
les différents fléaux que le syndicalisme administratif dénonce, les moyens d'action dont
il disposerait pour en empêcher le retour.

*
* *

Le premier fléau est l'arbitraire. Arbitraire dans les nominations, l'avancement,
les déplacements. Contre les « oukases » qui
abaissent les uns et élèvent les autres, les
fonctionnaires sont insuffisamment défendus.
Leurs droits individuels en pâtissent, et du
même coup l'intérêt général.

A quoi tient ce funeste état de dépendance ?
A l'organisation même de notre bureaucratie, sans doute. Sa hiérarchie consacrée donne
trop de pouvoir aux « grands chefs », pas
assez de garanties au peuple des employés.
Quelques catégories priviligiées mises à part,
ils n'ont pas encore, dans le droit français,
de *statut*. On en abuse. Mais si les chefs en
abusent en effet, ce n'est pas vraisemblablement de gaieté de cœur. Désintéressés, leur
préoccupation maîtresse resterait, comme l'on
dit, le bien du service. Malheureusement
leur autorité reste soumise à des pressions
multiples, qui les forcent à tenir compte
moins de ce que commande l'intérêt général
que de ce que commandent une foule d'intérêts particuliers. C'est l'attraction du Parlement qui désorbite ainsi l'administration.
Le député devient la terreur des fonctionnaires.

Il fut un temps où l'on paraissait compter,
pour remédier aux manies de la bureaucratie, sur l'ingérence parlementaire. Si notre
constitution est devenue démocratique, expliquait M. Seignobos dans son *Histoire politique de l'Europe contemporaine*[1], notre administration est restée hiérarchique : elle
garde les habitudes et les mœurs de l'Em-

---

1. P. 208-210.

pire. Elle est, sous un régime républicain, une véritable survivance. Pour barrer les abus de pouvoir qui en dérivent fatalement, il est naturel, il est nécessaire que les représentants du peuple ne cessent d'interpeller à la tribune et d'intervenir dans les ministères. Le contrôle parlementaire est l'indispensable contrepoids du despotisme bureaucratique.

Contrepoids? ou surcharge? L'expérience ne prouve-t-elle pas que l'intervention du député ne fait qu'aggraver l'arbitraire de l'administrateur? Sous la pression parlementaire on voit le mécanisme bureaucratique se plier à toutes sortes d'injustices. Déviations fatales, s'il est vrai que les « faveurs » sont la monnaie dont l'élu paie l'ardeur de ses électeurs, comme les « disgrâces » sont ses armes pour venger les frayeurs du candidat. La dépendance où le député tient les fonctionnaires n'est qu'un contre-coup de celle où il est tenu lui-même par ses mandants. La servitude administrative est un corollaire de la corruption électorale.

Écoutez comment un de nos auteurs décrit, de ce point de vue, le « député idéal[1] ».

« Il est modéré, opportuniste, radical, il sera demain socialiste, suivant la couleur des bulletins qui font la majorité dans son

---

1. Boncour, *les Syndicats de Fonctionnaires*, p. 63.

pays. A mesure d'ailleurs que s'accentuait la teinte, lui corsait ses épithètes. Il a servi l'Empire, trahi Gambetta et renversé Ferry. Les ministères successifs n'ont pas eu de plus fidèle soutien jusqu'au jour où il eut plus d'intérêt à les combattre. Encore attendit-il la séance décisive et, le ministère tombé, il changea son bulletin après la bataille. Ses opinions se sont modifiées, mais ses rapports avec ses électeurs sont restés les mêmes ; à la fois esclave et souverain, domestique et despote, il fait leurs commissions et les fait trembler. Comme il a servi tous les ministères, ceux-ci l'ont servi ; comme il n'était pas sûr, ils l'ont bien servi pour le mieux garder ; et les services rendus lui ont fait une situation solide. Pas un cantonnier qui ne soit placé par lui ; pas un facteur qui ne soit à ses ordres, pas un instituteur qu'il n'ait menacé du déplacement d'office, pas un détour du ministère qui ne lui soit connu ; il est familier avec les huissiers, hautain avec les chefs de bureau ; les ministres l'exècrent, mais lui donnent raison, car il a le bulletin capricieux et la sollicitation tenace! »

Sous le coup de ces perpétuelles interventions il arrive que le système actuel ne soit plus, pour la plupart des emplois, dit M. Charmont, que le pur arbitraire.

« Il faut vivre de la vie de province pour se faire une idée de ce régime et comprendre ce qu'il a de vraiment dégradant. La possibilité de frapper tous les fonctionnaires, l'indétermination de leurs obligations, l'incertitude de ce qui est licite ou défendu autorisent et encouragent les pires abus. A la campagne ou dans une petite ville, tout fonctionnaire a ses ennemis, il les a parfois mérités ; mais souvent ceux qui le poursuivent de leur animosité sont des gens qu'il a dû rappeler à l'ordre, contre lesquels il a sévi ou qui aspirent à le remplacer... Lorsqu'un agent voyer, un instituteur, un percepteur a, contre lui, un électeur influent ou un correspondant de journal, il est presque irrémédiablement perdu. Le député docile ou mal renseigné subit la pression de son comité, et son intervention dans la carrière des fonctionnaires est assurément le vice le plus grave de notre parlementarisme[1]. »

Et, en effet, combien il est difficile de résister à ces pressions, on le sait de reste. Les administrateurs font le plus souvent ce qu'ils peuvent pour « défendre », comme ils disent, leurs subordonnés. Ils y emploient toutes leurs adresses techniques. « Notre mé-

---

1. Charmont, *De la nécessité d'une loi générale sur les fonctions publiques*. Lettre au directeur de *la Foi et la Vie*, 1er novembre 1901.

tier, me disait un inspecteur d'Académie, c'est l'art de refuser sans en avoir l'air les têtes que les hommes politiques nous demandent. » Mais si l'inspecteur refuse trop de têtes, c'est la sienne à la fin qui sera obtenue. N'est-ce pas la leçon de l'affaire Guéry-Letroadec[1] ? Au surplus, c'est un Directeur de l'enseignement primaire qui en faisait courageusement l'aveu. M. Gasquet, au Congrès des Amicales d'instituteurs à Lille, laissait tomber cette formule que les syndicalistes de tous métiers se sont empressés de relever[2] : « Quelle que soit la conscience professionnelle de la plupart de nos inspecteurs d'Académie, quel que soit leur courage, il y a cependant une limite où la possibilité, la faculté de résistance administrative est obligée de fléchir. »

Les résultats de ces fléchissements — plus fréquents peut-être dans toutes les autres administrations qu'ils ne le sont dans l'administration universitaire — on les devine. Un député a eu la tranquille audace d'étaler, à la tribune même de la Chambre, les passe-droits de toutes sortes auxquels donne lieu l'intervention, tant sollicitée, des ministres. Il a méthodiquement analysé les

---

1. Voir la brochure de G. Séailles, *les Instituteurs et la Politique* (éditée par le *Courrier européen*).
2. Boncour, *ibid.*, p. 64.

procédés dont on use pour tourner les lois et règlements quand il s'agit de réserver une bonne place à un jeune ami[1]. Les discours de M. Steeg constituent à cet égard un véritable répertoire d' « histoires » comiques. Mais on n'en rit pas longtemps si l'on se rappelle les conséquences inévitables de ces « faits du prince » : découragement des meilleurs fonctionnaires, désorganisation des services, démoralisation du haut en bas.[2] »

C'est de ce mal avoué que les syndicalistes s'autorisent pour justifier leur effort. Il y a une œuvre d'assainissement à accomplir d'abord. Seuls des syndicats, pensent-ils, en sont capables. Seuls, en même temps qu'ils lui communiqueront l'indispensable élan, ils pourront fournir à l'administration les abris nécessaires à la résistance. Les directeurs seront couverts devant les députés, par le groupement même des dirigés. Imaginons, pour le cas des instituteurs, des conseils élus établissant par exemple les tableaux d'avancement et fixant les conditions de déplacement : « L'administration serait vraiment forte, écrit M. Glay[3], quand, pour repousser les recommandations

---

1. Voir la plaidoirie de M⁰ Jean Raynal devant le Conseil d'Etat, sur le *favoritisme dans l'Administration* (reproduite par *Pages Libres*, 30 juin 1906).
2. Berthélémy, *Revue de Paris*, 15 février 1906, p. 895.
3. Lettre au *Temps* du 29 novembre 1905.

politiques, elle se retrancherait derrière la décision des instituteurs. » Sans la coalition des premiers intéressés et la force qu'elle représenterait, il n'y a pas à espérer, en tout cas, de réforme efficace.

Tout le monde reconnaît aujourd'hui la nécessité de fixer le statut des fonctionnaires. On invoque les précédents, l'exemple de l'étranger[1]. Il faut une loi, répéte-t-on, pour définir les conditions d'accès, d'avancement, de déplacement, de discipline, de révocation dans toutes les fonctions publiques. — Mais souvent on ajoute : « Quand ils posséderont cette loi, que pourront demander de plus les fonctionnaires ? Le bouclier de la loi leur rendra inutile, désormais, l'épée du syndicat. »

La question n'est pas si vite réglée, répondent les syndicalistes. Si le Parlement nous « donne » une loi libérale, nous le remercierons du cadeau. Il n'est pas à dédaigner. Mais nous serions bien imprudents de nous en fier, sur ce point, à l'activité parlementaire. Elle demande à être surveillée, non seulement dans la confection, mais dans l'application des lois. Nous savons trop que, livrés à eux-mêmes, les députés s'empresseraient, individuellement, de tourner ou de faire tourner

---

1. Voir, par exemple, dans la *Revue politique et parlementaire*, les articles de MM. F. Faure et Demartial (mars et juin 1907).

les règlements qu'ils auraient collectivement approuvés. L'« éparpillement de la souveraineté », comme disait récemment M. Poincaré, leur fait une nécessité des coups de pouce : si bien intentionné qu'il soit personnellement, l'élu est moralement obligé, si l'on peut dire, d'essayer de faire fonctionner, au profit d'intérêts locaux, la machinerie d'une administration abusivement centralisée.

Force nous est donc de faire peser, sur ces tyrans-esclaves, la menace d'un contrôle organisé. Nulle protection, en ces matières, ne vaut la *self-defence*.

En d'autres termes, la défiance à l'égard des parlementaires est, pour les syndicalistes, le commencement de la sagesse. « C'est contre l'ingérence parlementaire, désorganisatrice de l'Administration, qu'ils luttent : plaisante critique que de les renvoyer au Parlement [1]. » M. Leroy ne craint pas d'ajouter [2] : « De l'intérieur de l'État (règlements des ministères, interventions parlementaires) il n'y a rien à faire pour la liberté ; l'arbitraire est constitutif du régime d'autorité. Mais du dehors tout est possible. » C'est donc en dehors du mécanisme parlementaire qu'il faut délibérément chercher des centres multiples et autonomes

____

1. Leroy, *les Transformations de la puissance publique*, p. 40.

2. *Ibid.*, p. 104.

d'organisation. C'est la conception même de la puissance publique qu'il ne faut pas craindre de transformer méthodiquement.

Anarchie, dites-vous ? Non pas, retour à l'ordre, au contraire, ou recherche d'un ordre nouveau, et, comme eût dit Proudhon, phénomène de « recomposition ». « Les fonctionnaires vont à l'ordre et à la régularité comme ils peuvent. » — « N'étant pas protégés, nous voulons nous protéger nous-mêmes, et vivant dans l'anarchie nous voulons revenir à l'ordre et à la régularité. » — « Nous pensons que l'organisation syndicale amènerait de l'ordre dans cette anarchie administrative. » Toutes formules[1] par lesquelles les fonctionnaires syndicalistes essaient de démontrer à l'opinion que le souci qui les guide c'est, en même temps que celui de leurs droits individuels, celui de l'intérêt général, et que s'il y a un anarchiste dans le duel engagé, l'anarchiste est le député, non le fonctionnaire.

*
* *

La réforme qu'ils préconisent n'aurait pas d'ailleurs pour seul résultat de rendre impossible l'exercice des petites tyrannies parlemen-

---

1. Citées par Leroy, *les Transformations de la puissance publique*, p. 40.

taires. Les effets s'en étendraient beaucoup plus loin. Elle serait capable, en transformant tout le mécanisme de l'État, de fournir à la nation les principes de reconstitution organique qui lui sont plus que jamais nécessaires. Il s'agit de « refaire des os » à la société, disait-on naguère. Le syndicalisme administratif s'approprierait volontiers cette ambition.

Sur ce point, en effet, ses réquisitoires prennent place dans une série déjà longue. Il apporte un dossier nouveau à un procès de tendances vieux comme la Révolution française. C'est le procès institué contre l'organisation — ou plutôt l'inorganisation — qu'elle imposait à l'État moderne. Que la Révolution ne fît d'ailleurs que couronner, en cette matière comme en beaucoup d'autres, l'œuvre séculaire de notre ancien régime, c'est vraisemblable ; et Tocqueville a eu raison de mettre en lumière la continuité d'évolution historique qui tendait à résorber, en France, tous les pouvoirs intermédiaires. Toujours est-il qu'au lendemain de la tourmente, on ne voit plus debout que des individus dispersés en face d'un pouvoir concentré : une poussière mouvante et un bloc pesant. « Atomisation » excessive et excessive centralisation ; de là, a-t-on soutenu, la plupart des malaises dont nous avons souffert tout le long du XIX siècle.

D'une manière générale, c'est au naturalisme lui-même, remis sur pied par l'élan des sciences biologiques, que venait s'appuyer cette thèse. Relisez le *Régime moderne* : vous constaterez que ce que Taine reproche aux constructeurs de ce régime, c'est une débauche d'esprit géométrique, qui leur fait méconnaître les lois de la vie. Guerre aux « sociétés particulières » : c'est le mot d'ordre de Rousseau. Il satisfait, en même temps qu'aux passions des Jacobins, aux traditions combinées du droit impérial romain et du droit monarchique français[1]. Mais il méconnaît le prix des formations spontanées, et l'utilité supérieure des sous-centres de coordination que l'histoire avait lentement constitués, obéissant en cela aux préférences que marque la nature pour la différenciation.

C'est sur ces mêmes tendances que M. Prins insiste[2] pour opposer, à la « constitution unitaire », réclamée selon lui par le collectivisme aussi bien que par le radicalisme, une « constitution organique » qui, admettant le fractionnement du pouvoir, favoriserait précisément ce que Rousseau condamne. De même, contre la théorie mécaniste de la souveraineté, c'est une théorie de la « vie natio-

----

1. *Le Régime moderne*, p. 167, 199.
2. *De l'Esprit du gouvernement démocratique*, p. 152, 237, 258.

nale » que M. Benoist entend dresser. Théorie réaliste, sinon naturaliste, au lieu de composer la société en une poussière d'individus elle tiendra compte des cadres tout faits dans lesquels ils se répartissent spontanément. Elle voudra que le peuple soit représenté selon la formule de Bluntschli : « d'après la multiplicité de ses éléments constitutifs[1] ». Et c'est ainsi qu'elle en arrivera à faire passer au premier plan, dans l'organisation politique, les groupements professionnels.

Les recherches de la sociologie objective confirment sur ce point, semble-t-il, les démonstrations de la philosophie politique. Les études que M. Durkheim a consacrées au *suicide* et celles qu'il a consacrées à la *division du travail* aboutissent par des chemins différents à une même conclusion pratique[2]. Et c'est précisément qu'il est urgent, non seulement pour notre équilibre politique, mais pour notre santé morale, de nous reconstituer des organes qui remplissent, sans perpétuer leurs défauts, la place restée vide des corporations. « Une société composée d'une poussière d'individus inorganisés, qu'un État hypertrophié s'efforce d'enserrer

---

1. *La crise de l'État moderne et l'organisation du suffrage universel*, p. 33, 65, 175.

2. *La Division du travail social*, 2ᵉ éd., p. XXXIII; *le Suicide*, p. 448. M. Durkheim cite à la page suivante les études de M. Benoist.

et de retenir, constitue une véritable monstruosité sociologique. Faute de centres de coordination intermédiaires, les individus ne se sentent ni soutenus, ni contenus. De là un fâcheux état d'« anomie », qui se traduit par un désarroi moral. Pour fournir aux activités individuelles les points d'appui en même temps que les points de direction qui leur manquent, l'État est trop haut. Ses mains puissantes sont malhabiles à ces besognes délicates. Il y faut des groupes plus proches de l'individu, plus enveloppants et plus prenants. Mais étant donnée l'évolution propre de nos sociétés, l'emprise des groupements territoriaux, celle des groupements religieux, celle même des groupements domestiques diminue fatalement. Restent les groupements professionnels. Ils sont de tous les instants et de tous les lieux. Au fur et à mesure que la division du travail se perfectionne, leur importance grandit. Ils sont donc « les instruments désignés de notre réorganisation morale [1] ». C'est de leur entremise seulement qu'on peut attendre une décentralisation efficace : la *décentralisation professionnelle* [2].

Il y avait là une idée que les partisans de

---

1. *Le Suicide*, p. 430. Cf. dans notre étude sur le *Solidarisme* le chapitre intitulé *La morale de l'outil*.
2. *Suicide*, p. 449; *Division du travail*, p. xxxi.

la décentralisation ne devaient pas manquer d'exploiter. Ressuscitons les provinces, répète le régionalisme. Mais il a bien fallu reconnaître que, dans le moment même où s'accroît la mobilité générale, tant sociale que matérielle, il était malaisé de leur rendre l'autonomie rêvée. Les solidarités professionnelles, heureusement, gagnent en vitalité ce que perdent les solidarités locales. Les rapports de confraternité se montrent plus puissants que les rapports de voisinage. De plus en plus une profession est une patrie, comme disait M. Faguet. Et M. Barrès a eu le tort de ne pas voir que le métier est le sol où se « racine » le plus facilement l'homme moderne. Il est donc permis d'espérer qu'à défaut des provinces les métiers constitueront des organes spécialisés, qui faciliteront, loin de le contrarier, l'irrésistible mouvement de la civilisation industrielle. Si le fractionnement de la souveraineté territoriale est chimérique, celui de la souveraineté technique reste réalisable. On conçoit que de grandes fédérations puissent régler elles-mêmes ce qui concerne, dans une même nation, les diverses branches de la production. C'est ce que M. P. Boncour a appelé le *Fédéralisme économique* [1].

---

1. *Le Fédéralisme économique. Étude sur le syndicat obligatoire.* Cf. *Un Débat nouveau sur la République et la Décentralisation,* par P. Boncour et Ch. Maurras.

Aux yeux de ces nouveaux décentralisateurs, on comprend quel intérêt présentent les syndicats de fonctionnaires. Ce sont, dans la garnison même de l'État, c'est-à-dire de l'ennemi, des alliés inattendus. C'est le remède surgissant du mal. Imaginez, en effet, que les différentes fédérations d'employés prennent en main les différents services publics. C'est du coup, en même temps qu'une démocratisation, une décentralisation de ces services. Le pouvoir central est déchargé. Nous n'avons plus à redouter ses maladresses proverbiales. Et l'espoir nous est rendu, au contraire, de remettre à un État nouveau, qui saurait convenablement diversifier ses organes, les nouveaux offices que réclame l'intérêt de tous[1].

Nous sortirions ainsi de l'espèce d'impasse où nous nous trouvons acculés, lorsque nous avouons à la fois l'individualisme insuffisant et l'Étatisme dangereux. Personne ne défend plus le « laissez-faire, laissez-passer ». L'expérience l'a prouvé cent fois : dans les conditions que la révolution industrielle impose à la vie moderne, c'est le souci du droit individuel lui-même qui commande à la collectivité d'intervenir. Mais comment interviendra-t-elle sinon sous les espèces, que nous

---

1. Boncour, *Syndicats de Fonctionnaires*, p. 29.

connaissons, de la bureaucratie? Gare alors aux gaspillages et aux chinoiseries, gare au jeu des incompétences et des irresponsabilités. N'est-ce pas la crainte des méfaits démesurément multipliés de la centralisation qui arrête nombre d'esprits sur la pente socialiste, où la logique même de l'individualisme bien compris les entraînait[1]?

Et, de fait, l'État d'aujourd'hui, dit-on, a fait ses preuves. Ni la hiérarchie administrative, ni le contrôle parlementaire ne sont capables d'augmenter le rendement de la lourde machine. Que sera-ce demain lorsqu'on exigera d'elle des produits singulièrement plus complexes et plus variés, — quand, par exemple, feront retour à l'Etat, conformément au programme non seulement des collectivistes, mais des radicaux-socialistes, un certain nombre de monopoles — quand il extraira de la houille, raffinera du sucre, distillera de l'alcool[2]?

Une seule issue nous reste. Et c'est précisément celle qui est ouverte par le syndicalisme administratif : lui seul est capable d'instituer, dans les services publics, cette décentralisation qui apparaît, désormais,

---

1. C'est le sentiment que l'on retrouve en particulier dans le livre de M. Bourguin sur *l'Évolution industrielle et les Systèmes socialistes.*

2. Leroy, *Transformations*, p. 114, 32.

comme la condition *sine qua non* de leur extension. « Vouloir charger l'État dans sa forme actuelle, disait M. Vandervelde, des multiples fonctions auxquelles l'entraînera la socialisation progressive des entreprises socialisées équivaudrait à charger les brigadiers de gendarmerie de diriger les usines, d'administrer les universités, de conserver les musées ou de former des bibliothèques [1]. » C'est alors qu'on pourrait parler en effet d'une « vaste caserne » et d'une « république de ronds-de-cuir ». Mais imaginez qu'on sépare radicalement, et qu'on différencie nettement l'*État-pouvoir* de l'*État-industriel*, celui-ci, comme il est arrivé déjà en Australie et en Nouvelle-Zélande, donnerait à ses diverses administrations leur autonomie budgétaire [2]. Leurs plus-values ne pourraient servir qu'à l'amélioration du service, ou au relèvement de la condition du personnel. Appelés à participer à la gestion de l'entreprise, les employés seraient intéressés à son bon fonctionnement. Elle serait vraiment la propriété collective de ceux-là mêmes qu'elle ferait travailler. Ce serait alors, comme la mine aux mineurs, la poste aux postiers et l'université aux universi-

---

1. Vandervelde et Destrée, *Le Socialisme en Belgique*, p. 293.
2. Boncour, *Syndicats de Fonctionnaires*, chap. IV.

taires[1]. C'est de ce régime fédéraliste que les syndicats de fonctionnaires, lorsqu'ils revendiquent une part croissante de la puissance publique, sont les annonciateurs. « Les syndicats, dit le manifeste des instituteurs syndicalistes, doivent se préparer à constituer les cadres des futures organisations autonomes auxquelles l'État remettra le soin d'assurer, sous son contrôle et sous leur contrôle réciproque, les services progressivement socialisés[2]. »

Ordre inédit sans doute, et qui comportera des mœurs toutes nouvelles. En même temps que le fédéralisme professionnel, c'est la discipline contractuelle qui s'instituera enfin. Les employés seront leurs maîtres. L'autarchie éliminera la hiérarchie. La perspective peut être troublante pour qui reste attaché à la notion « ancien régime » de l'ordre. Bien plus, elle alarmera sans doute les démocrates, tant il survit d'ancien régime dans leurs conceptions habituelles, tant la démocratie, comme aime à dire M. Leroy, reste régalienne[3]. Mais il ne faut pas qu'elle hésite à accepter sur ce point les énergiques leçons du

---

1. Rodrigues, *Revue socialiste*, oct. 1905, p. 449.
2. Leroy, p. 261.
3. Voir à ce sujet les réflexions de M. F. Buisson sur la *Crise de l'Enseignement primaire*, dans le *Manuel général* d'avril et de septembre 1907.

syndicalisme. Il lui montrera comment on substitue au règne de l'autorité centralisée, qui s'appuie finalement sur des raisons « religieuses », celui des compétences spécialisées, qui ne s'imposent que par leur valeur technique[1]. Le salut est à ce prix. C'est par les seules voies du fédéralisme professionnel que « l'administration des choses » pourra remplacer le « gouvernement des personnes ». A bas Rousseau ! si l'on veut. Mais vive Proudhon !

*
* *

Pour qu'elle aboutisse à cet ordre nouveau, il importe que l'agitation des fonctionnaires soit portée et comme entraînée par une onde qui la déborde. Le syndicalisme administratif ne doit être qu'un cas particulier du syndicalisme ouvrier. Sans l'exemple et l'appui de ceux qui, souffrant le plus de l'organisation actuelle, sont les plus intéressés à la transformer, les fonctionnaires resteraient impuissants à mettre sur pied une administration plus juste.

En fait, la plupart des maux dont ils souffrent eux-mêmes, et le public avec eux

---

1. C'est un des traits que met en relief M. P. Olivier-Lacroye dans des articles de *Demain* (1907), consacrés à la sociologie du syndicalisme.

ou par eux, ne découlent-ils pas plus ou moins directement de l'inégalité économique ? Notre organisation hiérarchique, avec le système de pressions qu'elle comporte, n'est possible que là où subsiste la distinction entre privilégiés et déshérités, entre possédants et non possédants[1]. Et comme ce régime économique explique la hiérarchie administrative, c'est lui qui la justifie. C'est le désir inavoué de maintenir « chacun à sa place » qui fait, sans doute, survivre dans notre démocratie tant de mœurs autoritaires. Les abus d'autorité disparaîtraient avec l'excès de l'inégalité.

Tournons-nous donc vers ceux qui portent ce monde inégalitaire, et qui, en se redressant, s'efforcent de le renverser. Chez eux, du moins, nous ne trouverons pas de survivances. Ils sont libres de tout préjugé, et purs, si l'on peut ainsi dire, de toute mésalliance. Ils ne sont, eux du moins, ni prisonniers de la routine bureaucratique, ni contaminés par la corruption parlementaire. Avec quelle facilité les adversaires les plus décidés de notre régime économique, pour peu qu'ils veuillent utiliser les mécanismes montés par la démocratie, se laissent prendre aux engrenages de l'injustice, l'expérience ne l'a que trop prouvé. Le parti socialiste lui-

____

1. Leroy, *Transformations*, p. 65, 169.

même, entraîné par la logique du parlementarisme, n'est-il pas allé de « déviations » en « compromissions » ? Le syndicalisme est sauvé de ces chutes par l'énergie même avec laquelle il dit non à toutes les formes de la société actuelle. Dans les Bourses du travail, ce sont de nouveaux mécanismes qui sont montés, c'est un droit nouveau, c'est une morale nouvelle qui s'élabore. Ici, du moins, ici seulement est abritée la flamme purificatrice[1].

C'est pourquoi les fonctionnaires qui protestent contre les mœurs parlementaires et les habitudes bureaucratiques tiennent tant à entrer en contact avec les Bourses. Ils entendent demander librement, à ces foyers nouveaux, de la lumière en même temps que du feu ; ils veulent emprunter les méthodes en même temps que recevoir l'élan des syndicats ouvriers. Dans ce phénomène d'aimantation, comme dirait M. Puech[2], réside sans doute le secret de la passion avec laquelle nombres d'associations de fonctionnaires réclament le titre de syndicats : le syndicat est la clef de la Bourse.

Sur ce point la philosophie sociale du syn-

---

1. C'est la thèse familière au *Mouvement socialiste*. Voir une des premières formes encore atténuées de cette thèse dans *l'Avenir socialiste des syndicats* de G. Sorel (il y rattache, p. 51, sa théorie aux observations de M. Durkheim).

2. Dans un article sur les rapports du radicalisme et du socialisme : publié par la nouvelle *Grande Revue* de 1907.

dicalisme administratif se sépare nettement de celle dont, par ses tendances organicistes, elle nous paraissait tout à l'heure se rapprocher. L'idéal collectiviste, dont nombre de syndicats ouvriers se réclament, apparaît à M. Prins comme le plus directement contraire au fait inéluctable de la différenciation. Et en attendant, le rôle qu'ils jouent, selon M. Benoist, est le plus souvent un rôle de « désunion locale[1] ». Où il faudrait coudre, ils ne font que tailler. Jusqu'à nouvel ordre, ils désorganisent, plus qu'ils n'organisent.

Mais qui sait si ces négations ne sont pas la condition nécessaire des affirmations ultérieures? On n'arrivera peut-être à la solidarité intégrale que par les âpres voies de la guerre de classes. La conscience collective des déshérités se pose en s'opposant. Cela est fatal. Et cette fatalité est bienfaisante. Rompre avec l'ordre actuel, c'est le seul moyen, peut-être, de se délivrer à jamais de ses tares. C'est pourquoi il est urgent que tous ceux qui souffrent par lui se liguent contre lui. C'est pourquoi il importe que le prolétariat administratif puisse fraterniser avec le prolétariat ouvrier. Leur cause est finalement la même : que leurs groupements se fédèrent donc, pour mieux concerter leurs efforts.

---

1. *Op. cit.*, p. 286.

Tant qu'on n'aperçoit pas cet arrière-fond de la question, on peut se demander si, dans la lutte engagée par les fonctionnaires pour le droit syndical, le jeu vaut la chandelle. Si on leur refuse le « privilège » de la loi de 1884 sur les syndicats ne trouvent-ils pas, dans le nouveau droit commun des associations, tel qu'il est fixé par la loi de 1901, toutes les possibilités désirables de délibération, d'action, d'organisation communes? On fait remarquer, à vrai dire, que les syndicats présentent sur les associations un certain nombre d'avantages juridiques. Nous nous rappelons un *Bulletin primaire* qui n'en comptait pas moins de dix. Les syndicats auraient de plein droit la personnalité civile. Ils permettraient demain d'ester en justice, et de posséder collectivement. Surtout ils auraient pour objet avoué la défense des intérêts professionnels, qu'une Amicale ne peut prendre en main que grâce à une sorte de tolérance toujours révocable, etc.

Mais tous ces avantages juridiques pèsent peu, en face de l'avantage « moral[1] ». Qui dit syndicat dit assimilation des fonctionnaires aux ouvriers. Les fonctionnaires *syndiqués* auront le libre accès, aux Bourses, que n'auraient pas les fonctionnaires *asso-*

---

1. Boncour, *Syndicats*, chap. ii.

ciés. C'est là l'essentiel. Question de mots, diriez-vous. Non pas, mais, si vous voulez, question de sentiments : ce n'est pas du tout la même chose. C'est un sentiment que les fonctionnaires ont voulu afficher : leur ferme volonté de lutter, avec le concours du prolétariat organisé, non pas seulement contre l'arbitraire parlementaire et l'incompétence bureaucratique, mais contre l'inégalité économique.

*
* *

Que, sur ces différents points, le mouvement ébauché rencontrât des résistances, il fallait s'y attendre. Il nous reste à indiquer les défiances qu'il suscite, et les raisons qui expliquent les résistances qu'il rencontre.

Les partisans du syndicalisme administratif, dira-t-on, possèdent sur leurs adversaires cette immense supériorité qu'à la réalité donnée ils opposent une construction idéale. Ils sont convaincus, et ils essaient de nous convaincre que le jour où ce syndicalisme aurait triomphé, tout irait pour le mieux dans le plus décentralisé, le plus libre et le plus égalitaire des États. Mais nous avons le droit et le devoir, avant de leur lâcher la main, de leur demander des garanties.

Le saut dans l'inconnu n'est pas une tactique à proposer aux sociétés. C'est pourquoi il importe de soupeser méthodiquement les présomptions des syndicalistes.

On pourrait contester, d'abord, la validité du lien analytique qu'ils essaient d'établir entre les maux dont souffre notre administration et l'inégalité qui subsiste dans notre organisation économique. Le procédé est commode qui consiste à supposer que, le jour où la propriété privée, mère de la concurrence, serait morte et enterrée, l'homme ne serait plus un loup, ni un renard pour l'homme. On n'aurait plus de raisons, pense-t-on, d'abuser de sa force, ni d'employer la ruse. L'hypothèse était récemment encore utilisée, dans un débat sur la démocratie : pour éliminer ses tares politiques que nul ne peut plus nier, il importe et il suffit, disait-on, d'y changer le mode de production et de répartition des richesses. M. Leroy l'affirme, pour les questions administratives, avec la même énergie que M. Basch pour les questions politiques en général[1]. Mais ce ne sont peut-être, dans les deux cas, que des affirmations. La richesse, si elle est dans l'état actuel le mode le plus important, n'est pas le mode unique

---

1. Voir, dans le *Bulletin de la Société de philosophie* de mars 1907, la discussion des thèses présentée par M. Basch.

de la domination. Une société égalitaire comporterait encore, par conséquent, bien des variétés d'abus de pouvoir. Au surplus, le mode de production et de répartition des richesses fût-il transformé de fond en comble, les inégalités de situation subsisteraient sans doute. Celle-ci serait mieux rétribuée, ou moins fatigante, ou plus honorifique que celle-là. Les hommes conserveraient donc des raisons assez nombreuses de s'envier et d'intriguer. Il resterait de la marge pour le système des pressions, recommandations ou dénonciations. En fait, dans les milieux où s'élaborent, nous dit-on, les mœurs de l'avenir, voit-on que seules les « valeurs techniques » soient appréciées comme il conviendrait[1]? Dans les Bourses de Travail aussi, observait naguère M. Rouanet, il y a des couloirs où l'on combine.

De même, dans les Bourses du Travail, qu'on l'avoue ou non, une politique domine. Et c'est une question de savoir si cette politique est compatible avec le minimum de loyalisme que l'État d'aujourd'hui peut exiger de ses fonctionnaires. « Pas de politique au syndicat. — Le syndicat est un groupement d'intérêts, non un groupement d'opinions. » Ce

---

1. Voir, à ce sujet, les observations de M. Darlu, dans le *Bulletin* cité plus loin, p. 75.

sont les formules qu'on inscrit sur la façade du syndicalisme. Et c'est en s'abritant derrière ces formules qu'il a repoussé, en particulier, les avances du parti socialiste. Mais les débats mêmes des Congrès d'Amiens et de Limoges ont porté sur ce point une suffisante lumière. Si la C. G. T. entend rester maîtresse chez elle, il semble bien que ce soit pour y mener une politique spéciale, et qui se rapproche terriblement de la politique anarchiste. Ce n'est pas seulement pour le parlementarisme, c'est pour la démocratie, ce n'est pas seulement pour la loi, c'est pour la patrie que les doctrinaires du syndicalisme professent le mépris le plus systématique [3]. Oseriez-vous demander pour les groupements de fonctionnaires le droit de soutenir collectivement de pareilles doctrines, destructrices de toute l'organisation nationale qu'ils sont appelés à servir ? C'est alors que, devant l'agitation des fonctionnaires, on pourrait légitimement crier à l'anarchie.

Et nous voulons que, dans les professions de foi du syndicalisme révolutionnaire il y ait une part d'exagération et comme d'ivresse

1. Voir les citations rassemblées par M. Challaye dans son étude sur le *Syndicalisme révolutionnaire* (*Revue de Métaphysique et de Morale.* Janvier et mars 1907, vol. XV, pp. 108-127 et 256-272).

2. *La crise syndicaliste*, dans la *Grande Revue* de mai 1907.

3. *Revue socialiste*, mai 1907, p. 395 sqq.

verbale. M. Buisson [1], M. Fournière [2] nous en avertissent : n'ayons pas peur des mots — surtout quand nous nous trouvons en face de gens qui, visiblement, jouent à faire peur. Il n'en reste pas moins que l'impulsion de la C. G. T. est, vis-à-vis de la société actuelle et de tous ses organes, une impulsion essentiellement négative. Il reste vrai que le premier sentiment qu'elle paraisse inculquer à ses troupes, c'est le désir de « désorganiser l'Etat ». Comment donc pourrait-on tolérer, parmi ces assiégeants de l'État, la présence de ceux-là mêmes qui sont ses représentants accrédités ?

Confusions, dira-t-on. Dans quelle mesure est-il vrai que le fonctionnaire « représente » l'État ? Il y aurait du moins des distinctions à faire. Le fonctionnaire qui peut commander aux citoyens, celui qui n'est que le porte-parole de l'Etat, l'organe de sa volonté, l'exécuteur de ses œuvres, celui-là ne pourrait en effet, sans contradiction, se redresser contre l'État. Mais il reste beaucoup de fonctionnaires qui ne sont investis d'aucun droit spécial, et à qui n'incombe aucune mission. Ils accomplissent des besognes, ils vendent leur travail, comme les ouvriers de l'industrie privée. Pourquoi, leur besogne accomplie et leur travail payé, ne jouiraient-ils pas de la même liberté d'opinion, et du même droit au syndicat que leurs camarades ?

C'est la fameuse distinction entre les fonctionnaires de gestion et les fonctionnaires d'autorité [1].

On a pu espérer qu'elle trancherait définitivement le débat. A l'user on s'est aperçu qu'elle prête aux interprétations tendancieuses et laisse, sur plus d'un point, les frontières indécises. Le service des Postes est bien, semble-t-il, le type du service industriel. Ses employés accomplissent, comme disait naguère M. Barthou, des « besognes purement exécutoires ou techniques ». Cependant certains d'entre eux ont le droit de verbaliser : faut-il leur refuser, en conséquence, le droit au syndicat qu'on accorderait, en principe, aux fonctionnaires de gestion?

La situation des instituteurs est encore plus malaisée à définir. Peut-on soutenir qu'à aucun degré ils ne « représentent l'Etat » ? Les instituteurs syndicalistes ont bien senti la difficulté, qui déclaraient dans leur *Manifeste* : « Notre enseignement n'est pas un enseignement d'autorité, ce n'est pas au nom du gouvernement, même républicain, ni même au nom du peuple français que l'instituteur confère son enseignement : c'est au nom de la vérité [2] ». Au nom de la vérité, c'est bien-

____

1. Berthélémy, *art. cité*, p. 887.

2. Cité et commenté par M. Barthou, *Les syndicats d'instituteurs*, dans la *Revue de Paris*, 1er mars 1906, p. 22.

tôt dit. C'est un magnifique idéal. Mais en fait, la catégorie de la vérité ne s'applique peut-être pas à tout ce que l'instituteur est chargé d'enseigner. A côté de l'enseignement proprement scientifique il y a l'enseignement moral et, entre les deux, toute une série d'enseignements — tel l'enseignement de l'histoire — qu'on pourrait légitimement qualifier de tendancieux : ils ont pour but de faire apprécier aux enfants certaines valeurs, et non pas seulement de leur faire apprendre ou comprendre certains faits[1]. Les éducateurs publics ont mission de transmettre aux générations nouvelles la « table des valeurs » reconnues, plus ou moins obscurément, par la conscience collective. C'est dire qu'ils doivent systématiquement mettre en relief, comme disait M. Croiset, ce qui unit, non ce qui divise. Par la nature même de leurs fonctions ils sont des instruments de continuité, des intermédiaires, intermédiaires entre les classes aussi bien qu'entre les générations. Et si on ne leur demande pas d'inculquer une doctrine d'État, il semble difficile de ne pas leur demander de faire aimer, en les interprétant avec la plus grande impartialité possible, les tendances générales de la nation. C'est en quoi,

---

1. Voir à ce propos dans la *Revue de Métaphysique et de Morale*, les observations échangées par MM. Parodi et Jacob sur la *Crise du libéralisme*.

qu'ils le veuillent ou non, ils sont représentatifs : une « mission » leur est en effet confiée, et c'est pour cette raison sans doute que, selon la tradition des juristes, « l'exercice de l'enseignement donné au nom de l'État implique l'exercice d'une fonction publique [1] ».

Au surplus, eût-on réussi à délimiter plus nettement la catégorie des fonctionnaires de gestion, il resterait à se demander si, par là même qu'ils ne sont pas des représentants de l'État, ils sont en tout et pour tout assimilables aux ouvriers de l'industrie privée, pour lesquels a été créée la loi des syndicats. Abstraction faite de toute question d'autorité, d'ordre politique ou d'ordre moral, la seule situation économique qui est faite aux fonctionnaires ne leur crée-t-elle pas, en échange des privilèges dont ils jouissent, certaines obligations spéciales ?

Que les employés de l'État, même les plus humbles, soient des privilégiés, c'est un sentiment très répandu dans la masse démocratique. Et il fut un temps où les défenseurs du syndicalisme utilisaient ce sentiment pour rendre suspectes les associations de fonctionnaires. On disait des postiers, par exemple, que leur « psychologie », leurs origines, leur éducation, leur genre de vie les rapprochaient

---

1. Voir les textes rassemblés par M. Barthou, *art. cité*, p. 8.

singulièrement plus des bourgeois que des prolétaires de l'industrie [1]. Ils ne connaissent rien, ajoutait-on, du mouvement ouvrier, et ils semblent incapables d'y rien comprendre. Voudraient-ils y participer qu'ils ne pourraient que l'embourgeoiser fâcheusement [2]. — Tout récemment, dans une enquête sur les syndicats d'instituteurs, les mêmes méfiances perçaient. Ce n'étaient pas seulement de la droite, mais de la gauche que venaient les objections au syndicalisme primaire. Et l'on n'hésitait pas à laisser entendre que le maître d'école, dans les Bourses, avec ses goûts de demi-bourgeois et sa mentalité de quart de savant, serait légitimement suspect aux véritables travailleurs [3]. « A des syndicats de lutte économique ils juxtaposeraient simplement des parlottes idéologiques. »

Mais il appartenait au gouvernement, comme il est naturel, d'insister sur la différence qui sépare les employés de l'État de ceux de l'industrie privée. On répétera donc, à la tribune de la Chambre et du Sénat, non seulement que leurs situations, en fait, sont

---

1. Beaubois, *La crise postale et les employés des postes*, *Les employés de l'État et le socialisme ouvrier*, dans le *Mouvement socialiste*, des 1er et 15 août 1905, p. 506, 1er avril 1905, p. 431.
2. *Mouvement socialiste*, 15 février 1906, p. 180.
3. *Pages libres*, 15 juin 1907, p. 624.

inassimilables, mais que cette assimilation, en droit, est inadmissible, et qu'ils ne peuvent logiquement, par suite, se réclamer des mêmes lois. Comment se justifie, en effet, dira-t-on, la loi sur les syndicats ouvriers, sinon par la nécessité de réagir contre les « lois » de la libre concurrence ? En face de l'employeur capitaliste qui, à lui seul, comme on l'a dit, est une coalition, elles ne laissent à l'ouvrier isolé, employable et congédiable à merci, qu'une liberté illusoire.

La coalition est donc pour les prolétaires l'indispensable bouclier. En fixant des tarifs syndicaux, en décrétant les grèves, en organisant enfin la résistance collective, les Bourses font légitimement effort pour régulariser le « marché de la main-d'œuvre ».

Mais, dans le cas des fonctionnaires, toutes ces catégories portent à faux. Comme ils jouissent de garanties spéciales, le patron qui les emploie a un caractère particulier, qui est non pas d'être un mythe, comme on le dit quelquefois de l'État, mais d'être « tout le monde ». « Un contrat public, débattu par le Parlement, vous lie à la nation... Vous échappez à la loi de l'offre et de la demande ; il n'est pas en votre pouvoir de modifier par des transactions privées, comme pour les salariés du commerce et de l'industrie, une situation que vous tenez de la loi. Vous êtes pourvus d'un emploi par décision officielle et vous ne pouvez en être privés que dans certaines conditions fixées par la loi. Vous n'avez ni à débattre le taux de votre rémunération, ni à redouter un lendemain sans travail ou sans retraite. »

Ces affirmations de M. Clemenceau, dans sa *Lettre aux fonctionnaires*, ne faisaient que résumer la doctrine constante des ministres, celle même que M. Spuller inaugurait, dans une circulaire que M. Bourgeois qualifiait de magistrale[1], quand il disait aux instituteurs :

« N'est-il pas évident que, devenu membre d'une administration nationale, l'instituteur public ne peut pas tour à tour se présenter comme fonctionnaire, et en cette qualité, recevoir un traitement fixe, réclamer des garanties de stabilité, ou, pour mieux dire, d'inamovibilité, sauf le cas de peine disciplinaire, avoir droit à une pension de retraite, et puis tout à coup, changeant de rôle ou de caractère, se présenter comme travailleur libre et demander au droit d'association le moyen de défendre ses intérêts contre l'État, comme un ouvrier défend les siens, à ses risques et périls, contre ceux d'un patron? »

En d'autres termes, les garanties adminis-

---

1. Citée par M. Barthou, *art. cit.*, p. 10.

tratives dont jouissent les fonctionnaires, comme elles le rendent inutile, rendent impossible l'exercice des libertés syndicales. N'est-ce pas une loi — et qui se vérifierait sous un régime socialiste aussi bien qu'ailleurs — que celui qui gagne en sécurité perd en indépendance?

Notre sécurité n'est pas entière, ripostent les fonctionnaires. Les garanties dont nous jouissons restent insuffisantes. N'avons-nous pas vu que le Parlement, auquel vous nous renvoyez, n'est trop souvent, vis-à-vis de l'administration, qu'un syndicat perturbateur? C'est la nation que nous défendons en nous liguant, pour nous défendre nousmêmes, contre ce gérant qui abuse de l'autorité qui lui est déléguée.

Il n'en reste pas moins qu'aux garanties déjà acquises sont attachées, comme contreparties, un certain nombre d'obligations. Et beaucoup de fonctionnaires syndicalistes le reconnaissent, au fur et à mesure qu'ils précisent, et en même temps limitent leurs *desiderata*[1]. Beaucoup accordent qu'ils ne sauraient professer telles doctrines ni adopter tels procédés dont la profession et l'adoption restent loisibles à la classe ouvrière. C'est ainsi qu'ils répudient les idées quasi anar-

---

1. *Pages libres*, p. 644.

chistes dont les dirigeants de la C. G. T. essaient de faire aujourd'hui la philosophie quasi officielle du syndicalisme. Si les fonctionnaires devaient entrer dans les Bourses, ce ne serait pas, disent-ils, pour céder à ce courant, mais pour le barrer au contraire : ils constitueraient naturellement dans ce milieu des « éléments de pondération[1] ». De même, parce qu'ils demandent à se syndiquer, il faudrait se garder de croire que les fonctionnaires vont passer leur temps à préparer des grèves (lesquelles se préparent aussi bien, après tout, en dehors d'un syndicat). Les instituteurs, en particulier, ont protesté avec énergie contre cette hypothèse, inventée à plaisir, disent-ils, pour déconsidérer leur effort. Une grève des maîtres d'école serait absurde autant qu'odieuse, inutile autant qu'impossible. C'est pourquoi les instituteurs syndiqués du Cher, en entrant à la Bourse du travail, faisaient cette réserve expresse, que, en cas de grève, ils ne participeraient pas au mouvement. Allant plus loin, la *Solidarité* des instituteurs de la Seine réclamait récemment le bénéfice de la loi des syndicats, à l'exclusion du droit de grève et de l'entrée dans les Bourses du travail.

---

1. Voir *Pages libres*, enquête citée, nᵒˢ du 22 et du 29 juin 1907.

Pour peu que ce mouvement se prolongeât et s'élargît, on concevrait à nouveau des convergences possibles entre les revendications des fonctionnaires et les concessions du gouvernement. Si ceux-là s'interdisent les moyens révolutionnaires et reconnaissent, par exemple, que le recours à la grève romprait le contrat qui les lie à l'Etat, le Gouvernement, de son côté, semble vouloir s'interdire les mesures réactionnaires, les seules efficaces en l'espèce, celles qui consisteraient, par exemple, à priver les fonctionnaires de toute sorte du droit d'association. Dans ces conditions, on a l'impression, en effet, que les parties en présence ne sont plus guère séparées que par un mot, et qu'on se bat, comme disait M. Fournière, pour le triste plaisir de se battre. On ne voit plus bien pourquoi, à vrai dire, les fonctionnaires associés s'acharnent à rélamer le titre de syndicat, mais on ne voit pas non plus, inversement, pourquoi le gouvernement s'acharne à le leur refuser. Un « statut des fonctionnaires » pourrait être aisément élaboré qui leur assurerait, en fait, tous les moyens pratiques de se défendre contre l'ingérence des parlementaires.

Mais pour que l'opinion obligeât les parle-

---

1. *Pages libres*, 22 juin 1907, p. 652.

mentaires à munir ainsi leurs adversaires même, encore ne serait-il pas inutile que ceux-ci présentassent leurs idées à l'opinion par la poignée plutôt que par la pointe. Si l'on veut aboutir à des résultats positifs, il ne serait pas impolitique de se montrer, en effet, « pondérés », et de préférer l'action prochaine à une phraséologie révolutionnaire qui éveille trop naturellement la défiance.

*
* *

Il faut bien l'avouer, en effet : le programme de décentralisation professionnelle, que le syndicalisme administratif ajoute, en rallonge, à sa protestation contre l'arbitraire parlementaire, reste lui-même dans le vague ; et il est trop aisé de signaler les difficultés pratiques qu'il rencontrerait, si l'on essayait de le faire descendre dans la réalité.

Contre ce programme on n'a pas manqué de faire valoir qu'il nous ramènerait, pardessus l'œuvre unificatrice de la Révolution française, à l'état de division où vivait l'Ancien Régime. M. Poincaré, par exemple, évoquait dans un discours récent, les corporations, maîtrises et jurandes. Est-ce donc cet esprit particulariste que vous voulez ressusciter, à l'usage des fonctionnaires et au détriment de la nation? C'est un véritable démembrement, disait le *Temps*[1], que vous rêvez. Vous placez votre confiance dans la résurrection de Parlements corporatifs ; chacun d'eux, aux dépens de l'intérêt général, ne défendrait-il pas son intérêt professionnel? Autant demander à l'organisme évolué de redevenir colonie animale.

Il ne faut pas se laisser effrayer, sans doute, par l'assimilation du syndicat à la corporation. On a abusé de ce spectre. Il est trop évident que, dans les conditions nouvelles de notre civilisation industrielle, rien qui ressemblât à la corporation fermée, exclusive et oppressive, ne saurait se reconstituer. On nous répète que les syndicats resteraient ouverts. L'individu demeurerait libre d'y entrer et d'en sortir ; il travaillerait à restaurer l'égalité, au lieu de maintenir l'inégalité entre leurs membres, etc.[2]. Il n'en reste pas moins que les intérêts professionnels sont en effet des principes de désunion en même temps que de solidarité. Les hommes spécialisés par les métiers ont de plus en plus besoin les uns des autres. Mais

---

1. 29 novembre 1905.
2. C'est un des traits sur lesquels insiste souvent, entre autres, M. Fournière. Voir *L'Individu, la Société et l'État*.

en même temps chaque métier a une tendance à estimer le plus haut et à faire payer le plus cher possible les services qu'il rend à l'ensemble. Chacun tire à soi la couverture. N'aurait-on pas à redouter, sous des formes diverses, des renaissances de ce particularisme si l'on voulait rendre à chacun des grands corps de fonctionnaires son autonomie ?

La nécessité de laisser plus de libre jeu aux services proprement industriels ne fait plus question. Il est trop certain que l'excès de la centralisation augmente abusivement, ici, les frais d'exploitation. On ne peut espérer d'amélioration des services et d'augmentation du rendement que si les directions, plus compétentes, sont en même temps plus indépendantes. Mais jusqu'où toutefois devrait aller cette indépendance ? Faut-il en particulier demander, par exemple, pour le service des Postes, une autonomie budgétaire qui réserverait tous les bénéfices qu'il pourrait faire à ce service lui-même ? Il en userait à sa convenance, dit-on, tant pour perfectionner son mécanisme que pour améliorer le sort de ses employés[1]. A merveille ; mais l'État a des besoins financiers de plus

---

1. Voir à ce propos les observations de M. Steeg sur l'*État industriel*. *Le Budget des postes et des télégraphes*, dans la *Revue bleue* du 17 novembre 1906.

en plus considérables. Entendez que la société demande, au nom de la solidarité, de plus en plus à l'État. Comment organiser, par exemple, l'assurance sociale sous toutes ses formes — assurance contre la maladie, contre la vieillesse, contre le chômage, — sans un énorme accroissement de ce budget de la solidarité ? Tant qu'on n'aura pas trouvé, pour l'alimenter, une formule d'impôt direct qui rende inutile tous les modes indirects de recouvrement, il faudra bien, sans doute, que l'État fasse fonctionner à son profit, c'est-à-dire au profit de tous, des monopoles fructueux. D'où la nécessité pour lui de garder jusqu'à nouvel ordre la haute main sur ses services industriels.

Cela serait vrai *a fortiori* des services qui n'ont rien de commun, — quoi qu'en disent certains manifestes syndicalistes — avec l'industrie. L'université aux universitaires, dit-on, comme la mine aux mineurs. Mais l'analogie est décevante. A aucun degré l'école ne saurait devenir la propriété collective, la chose des maîtres. Ce n'est pas dans leur intérêt qu'elle doit fonctionner. Qu'ils soient appelés à donner leur avis sur son fonctionnement, rien de plus légitime. Qu'en particulier les instituteurs, tenant compte des besoins des populations, ouvrières et paysannes, au milieu desquelles ils vivent, s'efforcent de mieux adapter les programmes d'études à la vie concrète, il faut le souhaiter. Mais il est trop clair qu'ils ne sauraient cesser de recevoir, de l'État, la direction d'ensemble. Car l'État représente ici le public. L'État représente le public très imparfaitement, sans doute. Moins imparfaitement, à tout prendre, que ne le représenteraient les divers organes que pourraient constituer ses employés syndiqués.

M. Gide faisait prévoir [1] que, dans un temps où tout le monde se syndique, les consommateurs seraient bientôt obligés, pour se défendre contre les abus possibles, de se syndiquer à leur tour. Mais qu'est-ce que la représentation nationale, sinon précisément un syndicat permanent des consommateurs? Si ce syndicat est mal constitué, si des intérêts particuliers s'y font trop facilement servir sous le couvert de l'intérêt général, changez le mécanisme de la représentation. Mais ne croyez pas pour autant qu'en distribuant les morceaux de la puissance publique entre les fédérations professionnelles vous auriez éliminé le particularisme. Vous n'auriez fait peut-être que l'ériger, sous une forme nouvelle, à la hauteur d'une institution.

Ce qui entretient, à cet égard, la défiance du public, c'est qu'en fait, quand il voit les

---

1. Dans l'*Émancipation* du 15 avril 1907, p. 50.

groupements de fonctionnaires à l'œuvre, ils lui semblent se préoccuper plus de leurs intérêts particuliers que de l'intérêt général[1]. Réformisme bien ordonné commence par soi-même. Comme il est naturel, les employés d'État se liguent d'abord pour obtenir une amélioration de leur sort. Mais le plus souvent l'amélioration se traduit finalement par des dépenses. C'est pourquoi beaucoup de gens concluent que les ligues de fonctionnaires sont d'abord des ligues contre le contribuable.

La mégalomanie administrative, disait naguère un syndicaliste[2], n'a pas de plus sûrs appuis que les associations de fonctionnaires. Toujours prêts à réclamer la création d'emplois nouveaux, ils se montrent incapables d'en signaler un à supprimer. Finalement il apparaît, concluait l'auteur, que lorsque les socialistes parlementaires prennent en main la cause des fonctionnaires, leur tactique se réduit à ceci[3] : « dépouiller et sacrifier Pierre (c'est-à-dire la classe ouvrière, qui paie toujours) pour favoriser Paul (c'est-à-dire les salariés de l'État) ».

---

1. Voir les remarques de M. F. Faure, dans la *Revue politique et parlementaire*, mars 1907, p. 444.

2. Beaubois, dans le *Mouvement socialiste* du 1ᵉʳ avril 1905, p 439.

3. *Ibid.*, p. 442.

Pour répandue qu'elle soit aujourd'hui encore, cette opinion n'est pas dépourvue d'injustice. Et il faut convenir que les fonctionnaires associés font ce qu'ils peuvent pour remonter ce courant. De plus en plus ils s'efforcent de donner la preuve, dans leurs congrès, qu'ils sont désireux et qu'ils seraient capables de veiller non pas seulement à l'amélioration de leur sort propre, mais à l'amélioration du service, dans l'intérêt du public. Dans les Congrès d'universitaires, en particulier, nombre de questions — comme celle du baccalauréat par exemple [1] — sont discutées avec compétence et passion, sans que pourtant elles intéressent directement, semble-t-il, la situation du personnel. De même, au récent Congrès des postiers, on se plaisait à signaler tels gaspillages, provoqués par les maladresses de l'Administration centrale, et on demandait en conséquence la création de conseils départementaux ; ils seraient appelés à donner leur avis sur les modifications proposées à la marche du service. Que de plus en plus les syndicats de fonctionnaires manifestent dès aujourd'hui, par l'action, ce constant souci d'arrêter les coulages, d'éliminer les doubles emplois,

---

1. Voir les réponses à l'*Enquête sur le baccalauréat*, résumées et classées par M. Crouzet (Paris, Colin, 1907).

d'instaurer enfin, dans la bureaucratie française, les méthodes les plus rapides et les plus économiques, alors le public comprendra clairement que c'est pour lui, non contre lui, que ces syndicats travaillent; un plus large crédit leur sera ouvert, et il deviendra possible d'étendre en effet leurs attributions.

Non pas sans doute qu'il faille s'attendre — comme certaines formules de M. Leroy pourraient le laisser croire — à une sorte de résorption de l'État dans les fédérations professionnelles. Elles auraient beau être investies, chacune dans son cercle, d'une part de la puissance publique. Par cela même qu'elles ne pourraient opérer que « chacune dans son cercle », leurs décisions ne sauraient avoir force de loi qu'après ratification des assemblées centrales, qui continueraient de représenter l'ensemble de la nation.

Le rôle des grands conseils techniques dont parle M. Berthod[1] serait donc limité et resterait, comme l'auteur indique lui-même, un rôle consultatif. Ce n'en serait pas moins, sans doute, entre ces limites, un rôle extrêmement utile. On réussirait peut-être à réduire ainsi la trop grande marge que le système actuel, de l'aveu général, laisse à l'incompétence. Et si l'on tient sous ses yeux l'étendue du

---

1. Dans la *Revue politique et parlementaire* du 10 mars 1906.

mal à guérir, on conclura sans doute qu'il serait d'une bonne politique de ne plus repousser avec effroi, mais au contraire d'essayer avec bonne volonté, — dans la mesure compatible avec le souci nécessaire de la continuité et de l'unité nationales, — la médication proposée par le syndicalisme administratif.

*
* *

Plus encore, d'ailleurs, que l'incompétence dans l'administration, c'est l'arbitraire dans les nominations, promotions ou révocations que les syndicats de fonctionnaires combattent directement. C'est sur ce terrain que l'opinion les soutient le plus volontiers. C'est cette besogne « d'assainissement » qui leur sera le plus facile.

Toutefois, ici même, les esprits les plus sincèrement révoltés par l'arbitraire d'en haut font des réserves, et signalent des dangers.

« A bas la faveur ! » tout le monde en tombe d'accord. Mais il ne faudrait pas sans doute que, sous prétexte de lier les mains à l'arbitraire, on paralysât l'exercice du choix. Il ne faudrait pas que la préoccupation de sauvegarder les droits du plus grand nombre empêchât la sélection des capacités et l'ascension des plus aptes. — Ce serait alors le triomphe de la « médiocratie », qui est la pire ennemie de la démocratie. Non, sans doute, comme le remarquait justement M. Lanson[1], qu'une morale démocratique reconnaisse, à ceux que la nature a le mieux doués, on ne sait quel droit naturel à de grands avantages sociaux. Mais, d'abord, c'est l'expérience qui le prouve, pour que les mieux doués obtiennent de leurs dons naturels le rendement maximum, il n'est pas inutile qu'ils y soient excités par l'espoir d'une situation supérieure, mieux rétribuée et plus honorée. Et cela seul suffirait pour qu'il fût nécessaire de maintenir, même dans un monde où le mode de distribution des richesses serait radicalement changé, des traitements inégaux[2], dont les plus élevés seraient accessibles autrement que par l'ancienneté.

Et puis, et surtout, c'est moins d'avantages qu'il s'agit ici que de pouvoirs. Un rang supérieur dans la hiérarchie augmente le rayon d'action du fonctionnaire, élargit ses responsabilités. C'est donc l'intérêt général le plus évident, et non pas seulement la justice dis-

---

1. Dans la *Revue universitaire* de 1907, en rendant compte du *Bréviaire d'un panthéiste* de J. Lahor.

2. Menger, dans son *État socialiste*, insiste sur la nécessité où l'on serait de maintenir une certaine inégalité dans les rémunérations.

tributive, qui exige que les meilleurs soient distingués et, comme l'on dit, poussés.

Mais comment s'opérera cette sélection? En principe, nul système n'y paraît mieux adapté que celui des examens et des concours : ne permettent-ils pas aux diverses capacités de faire leurs preuves et de donner leur mesure? Dans la réalité, on sait combien ce système s'est attiré de critiques, dans quelle atmosphère de scepticisme général opèrent ses mécanismes incessamment retouchés[1]. S'il s'agit surtout des qualités pratiques nécessaires au fonctionnaire, qui peut en juger, répète-t-on, sur une « épreuve » de quelques heures? Il importe d'avoir vu les hommes à l'œuvre. On ne peut utilement comparer les fonctionnaires que dans l'exercice de leurs fonctions. Cela revient à dire qu'à côté des concours il faudra toujours, dans l'intérêt du service, faire une place au choix.

Les groupements de fonctionnaires sauront-ils réserver cette place? Ne les voit-on pas, dans la plupart de leurs revendications, insister abusivement sur la nécessité de l'avancement à l'ancienneté ? Les auteurs du *Socialisme à l'œuvre* formulent à ce propos des obser-

---

1. Voir les réflexions d'André Balz sur le *Favoritisme et les Examens de carrière*, dans le *Manuel de l'Instruction primaire* du 31 août 1907.

vations suggestives : « On peut se demander
« si, à certains égards, l'avancement à l'an-
« cienneté n'offre pas de pires inconvénients
« que l'avancement au choix le plus arbi-
« traire. Aux yeux des socialistes qui mettent
« l'intérêt général au-dessus des intérêts par-
« ticuliers, l'avancement est moins une ré-
« compense que le moyen, pour la société,
« d'utiliser au mieux les hommes qui se sont
« montrés les plus capables de la servir.
« Est-ce là le résultat qu'on obtiendra par
« l'avancement à l'ancienneté, qui place au
« même rang les excellents et les médiocres,
« les paresseux et les zélés, ceux qui savent
« commander et ceux qui font mieux d'obéir ?
« Ne vaudrait-il pas mieux, après tout, avoir
« à enregistrer quelques nominations scan-
« daleuses, compensées parfois par des choix
« heureux, que de livrer l'État en proie à
« une bureaucratie inerte et routinière[1] ? »

L'idéal reste de fermer la porte à l'arbitraire sans barrer la route à la sélection.
Mais comment atteindre ce résultat ? Les dis-
positifs qu'on peut imaginer à cet effet va-
rieraient évidemment selon les fonctions à
exercer et les capacités à apprécier. A défaut
de solution générale, le problème comporte

---

1. *Le Socialisme à l'œuvre*, par MM. Renard, Berthod,
Fréville, Landry, Mantoux, Simiand, p. 343.

peut-être une série de solutions spéciales. Il appartient aux associations de fonctionnaires d'utiliser leurs compétences à préparer ces solutions. Qu'elles élaborent elles-mêmes des règlements concernant les nominations et l'avancement dans les diverses carrières. Que les mécanismes qu'elles proposeront fournissent la preuve qu'elles ont à cœur non pas seulement l'intérêt de la majorité de leurs membres, mais l'intérêt du public, qui demande que les minorités supérieures puissent espérer, avec plus d'avantages, plus de responsabilités. Ce sera le meilleur moyen de démontrer qu'une organisation démocratique n'écrase pas forcément les élites, et que l'autarchie des corps de fonctionnaires, si elle doit transformer, n'éliminerait pas les nécessaires hiérarchies.

Sur ce point comme sur les autres, si l'avenir est incertain, le devoir des fonctionnaires est clair, pour peu qu'ils veuillent sincèrement travailler par l'émancipation administrative à la réorganisation nationale. Les programmes du syndicalisme administratif peuvent paraître très ambitieux. Et, si frappé que l'on soit des fléaux qu'il dénonce, il est naturel qu'on hésite à lui remettre pleins pouvoirs. Les progrès qu'il promet supposent une transformation complète des institutions et des mœurs. Il appartient aux fonctionnaires syndicalistes de manifester dès aujourd'hui, dans la mesure de leurs moyens, ce dont demain ils seraient capables. Par les mœurs qu'ils feront régner comme par les projets d'institution qu'ils élaboreront, qu'ils fassent la preuve des vertus de leur doctrine. Et ainsi sans doute, en se conciliant de plus en plus la confiance de l'opinion, si mal disposée aujourd'hui pour leurs ennemis les parlementaires, ils « mériteront », en effet, une part croissante de puissance publique.

SOCIALISTES
ET SYNDICALISTES

AMIENS — LIMOGES[1]

De quelles magnifiques rencontres le congrès de Limoges nous a donné le spectacle ! Une atmosphère de cordialité parfaite n'a cessé d'y régner. Elle n'a pas empêché les nuages socialistes de s'entre-choquer avec force. Et il en a jailli, finalement, de beaux éclairs. Après les débats de Limoges, où grondait encore l'écho de ceux d'Amiens, nous saisissons mieux la diversité des tendances qui travaillent — et qui tiraillent — la « pensée ouvrière ».

Disons tout de suite que ce qui nous a le plus frappés, dans cette mêlée d'opinions, c'est, devant la jeune idée syndicaliste, le recul de la vieille idée collectiviste.

L'idée proprement collectiviste, c'est ce qu'on pourrait appeler la théorie du *Bloc économique*. La propriété ne peut que nuire à l'humanité, elle ne peut que jeter les

1. *Dépêche* du 1er novembre 1906.

hommes les uns contre les autres, tant qu'elle demeure à l'état de division. Formons donc une grande propriété indivise. Coagulons toutes ces poussières. Dans l'intérêt de tous, et non plus d'une classe, le prolétariat-dictateur manœuvrera cette masse. Collectivement, il administrera les choses, sans d'ailleurs gouverner le moins du monde les personnes. (Comment s'opérera ce miracle ?. Vous én demandez trop...)

En attendant, le devoir du prolétariat est clair. Il faut qu'il mette la main sur la puissance gouvernementale. Comment décréterat-il, dans le régime de la propriété, ce changement global, qui doit être le salut du monde, si préalablement ses troupes n'ont pas envahi toutes les forteresses de l'Etat ? C'est pourquoi l'expropriation politique de la classe bourgeoise est la préface nécessaire de son expropriation économique. C'est pourquoi nulle tâche n'est plus urgente, pour la classe ouvrière, que de dresser toutes ses énergies assemblées vers cet idéal immédiat : la conquête des pouvoirs publics. Voilà, semble-t-il, la conception classique dans toute sa simplicité — dans tout son simplisme.

A qui est possédé de cette tradition, venez donc parler du rôle primordial des syndicats. Dites-lui qu'ils sont sans doute, aujourd'hui, les vrais porteurs de la révolution, comme ils seront demain les seuls organisateurs possibles de la production. Il haussera les épaules. Il citera Marx et Proudhon même : confier l'ordre économique à l'initiative de syndicats-gérants, ce ne serait que reculer les difficultés. Et ce serait peut-être les aggraver : ces corps-propriétaires n'entreraient-ils pas en concurrence, en conflit, en guerre, tout comme aujourd'hui les individus ? La paix sociale définitive ne régnera que sous l'unité de la coupole collectiviste. Elle n'aurait que faire des mille colonnes que le syndicalisme s'occupe à dresser.

Mouvement déviateur, en somme, que cet élan syndicaliste si l'on en veut faire le mouvement directeur. Il n'incite pas seulement les salariés, dites-vous, à l'action réformiste de tous les jours : il les excite aussi, il les accule à l'action insurrectionnelle des grands soirs. Et après ? Brûlez une usine. La propriété continuera de planer au-dessus de cette fumée. A coup de lois seulement vous pourrez l'atteindre. C'est l'usine-aux-lois qu'il vous faut d'abord envahir. Tout ce qui détourne le prolétariat de cette idée fixe l'arrête dans sa marche sur le pouvoir et, par conséquent, dans sa marche vers l'émancipation intégrale.

C'est ce que Guesde ne pouvait manquer de répéter au congrès. Et, sans doute, il a

fait quelques efforts pour atténuer sa thèse.
Il n'a pas jeté à la face de ses amis-adversaires
tout le mépris qu'il garde pour la « solution
corporative ». Il a concédé un rôle aux syndicats ; mais un rôle secondaire, prépara-
toire, accessoire. Soutenir le contraire, ce serait
déchirer notre charte, tourner le dos aux
résolutions de nos congrès, renier la tradition
de l'Internationale. « Et c'est avec tout cela que
vous voulez rompre », s'écriait-il, « pour vous
coudre avec quelques anarchistes d'Amiens? »

Avec quelle énergie désespérée l'apôtre fa-
tigué défendait ainsi sa loi et ses prophètes !
Quels sifflements, quels étranglements tra-
giques lorsqu'il s'écriait : « C'est antisocia-
liste !... » Tout fut inutile. Guesde avait pour
lui la tradition, son prestige personnel, son
éloquence incomparable, sa fatigue même qui
rendait ses efforts encore plus pathétiques.
Guesde fut cependant battu. Guesde fut
« minorisé ».

Guesde fut minorisé par une coalition. La
coalition de ceux qui, avant-hier, constituaient
l'extrême droite et de ceux qui, depuis hier,
constituent l'extrême gauche du parti socialiste. Coalition des réformistes à la Jaurès et
des syndicalistes à la Hervé.

Guesde est un if, si j'ose dire. Et comme
un if, sombre, étroit et rigide, il plie à peine
au vent qui passe. Devant Jaurès, au con-

traire, on pense à un large châtaignier, qui frémit à tous les souffles et qui tend ses branches dans tous les sens. Devant une idée nouvelle, le premier instinct de Guesde c'est de la repousser. Jaurès, bien plutôt, demandera une place pour elle.

C'est dans ces dispositions conciliantes, c'est avec cette absence d'amour-propre personnel, avec cette bonté intellectuelle qui est un des secrets de sa force dans les congrès, que Jaurès aborda la question épineuse : quelle attitude doit garder le parti socialiste vis-à-vis des syndicalistes? Ils viennent de repousser nos avances à Amiens? Qu'importe. N'ont-ils pas proclamé l'idéal qui est le nôtre? Pour aller à cet idéal, tous les moyens sont bons. Ne parquons pas les syndicats dans une action corporative toute réformiste. Leur action révolutionnaire secondera peut-être heureusement notre action parlementaire. Mais pour que toutes les formes de l'action ouvrière se complètent utilement, laissons les d'abord se développer librement. Qui sait si en se développant elles ne perdront pas leur vice? C'est pourquoi respectons avant tout l'unité, l'ampleur, l'autonomie du mouvement syndicaliste. « Nous sommes sur le chemin de l'unité définitive. Gardons-nous seulement de la retarder en voulant forcer les étapes. »

A cette magnifique synthèse, les avocats

de la Confédération du travail délégués au congrès, les amis de Griffuelhes et de Pouget, les représentants des tendances libertaires ne pouvaient qu'applaudir. Elle amenait Jaurès à souscrire à certains procédés, à propos desquels il avait formulé naguère les plus graves réserves. Elle justifiait, au moins partiellement, leur tactique des dernières années. Elle leur permettait d'espérer pour de prochains congrès, au sein même du socialisme, des conquêtes nouvelles.

« Voilà Jaurès qui devient anarchiste », disait un délégué, à côté de la table de la presse. Non certes. Dites plutôt que Jaurès reste opportuniste. Au sens philosophique du mot, naturellement ! En faisant feu de tout bois, il pense aussi, sans doute, faire la part du feu. Sa tactique n'a-t-elle pas toujours été d'accorder une place aux tendances mêmes qui le gênent ? C'est dans l'espoir de leur faire perdre leur vice, en effet, qu'il les abrite dans le large manteau de sa bienveillance.

Mais avec cette tactique enveloppante, ne risque-t-on pas d'être entraîné, d'étape en étape, un peu plus loin qu'on ne voulait ? Les ex-jauressistes ont triomphé des ex-guesdistes, au sein de l'unité, grâce à une alliance avec les syndicalistes à tendances libertaires ; de quel prix ceux-ci vont-ils faire payer leur concours ?

Dès le lendemain du triomphe, Hervé le faisait malicieusement sentir, avec cette joie de faire des niches qui est sans doute une des forces motrices de la propagande hervéiste. Méphistophélès déguisé en Sancho Pança, il ne craignait pas de crier textuellement à Jaurès : « Vous êtes le mouvement. Vous êtes la vie ondoyante. C'est ce qui me donne bon espoir. Vous avez déjà fait un pas de mon côté. La Confédération du travail, que nous avons défendue hier ensemble, vous forcera peut-être à en faire un autre et à vous rallier à notre antipatriotisme. »

Jaurès riposta en montrant admirablement, une fois de plus, les sophismes, les incohérences, les imprudences de l'hervéisme. Et le congrès lui donna raison. Mais demain ? Mais au dehors ? Les foules qu'une propagande socialiste ainsi orientée peut atteindre sauront-elles s'arrêter à temps sur les chemins glissants de l'action révolutionnaire ? Et si elles s'y ruent, saura-t-on leur dire nettement quel risque ces impulsions font courir à la nation, à la République et, par suite, à l'avenir même du socialisme pratique ?

Un mot du délégué de la Drôme, à ce propos, nous donnait à réfléchir. Il était effrayé, disait-il, du progrès qu'il constatait, dans les campagnes comme dans les villes, de l'esprit hervéiste. Et il ajoutait qu'il ne voyait qu'un moyen de guérir (?) cet esprit : « C'est de dire aux paysans comme aux ouvriers que toutes les solutions sans exception, si hardies qu'elles soient, sont d'avance acceptées par nous. »

Pour de la conciliation, c'en est. Mais c'en est trop. De peur d'être brûlé, c'est proprement se jeter dans le feu.

Le congrès du Parti socialiste à Limoges a marqué une victoire de l'empirisme sur le dogmatisme. C'est un progrès. Mais il annonce du même coup des conquêtes de l'anarchisme sur le réformisme. C'est un danger.

A NANCY [1]

Quelle tournure vont prendre à Nancy les affaires du ménage socialiste-syndicaliste? Entre le Parti et la Confédération sera-ce le mariage définitif ou le définitif divorce?

A l'heure où nous écrivons, personne ne le sait encore. Les conjectures vont leur train. Et beaucoup paraissent espérer que là où Amiens répondait « non », Nancy répondra « oui ». Gageons plutôt qu'à Nancy, comme à Limoges, on ne dira ni oui ni non. C'est encore une réponse normande qu'on ira chercher en Lorraine. Des grands débats entre socialisme et syndicalisme, c'est une formule opportuniste qui sortira. On tombera d'accord pour déclarer que les deux actions doivent, sans se concerter expressément, s'organiser et s'harmoniser spontanément : les deux organes doivent être solidaires, mais à la condition de garder, comme il convient, leur pleine indépendance. Là-dessus, on unira ses voix pour

1. *Dépêche* du 17 août 1907

conspuer les radicaux. Et chacun s'en ira chez soi, socialiste ou syndicaliste comme devant.

Il y a pourtant, à vrai dire, quelque chose de changé dans l'attitude d'un grand nombre de socialistes, depuis Limoges. Les querelles de presse l'ont fait bien voir, qui ont été, pour le congrès de Nancy, comme un feu d'artifice préliminaire. A ses lueurs, on a pu constater que, si les meneurs du syndicalisme sont toujours aussi mal embouchés, les purs du socialisme semblent moins disposés à se laisser faire. De plus en plus, ils regimbent et, quitte à se faire traiter de réactionnaires, ils prennent le parti héroïque de réagir. Non pas qu'ils aient, comme Griffuelhes le criait à tue-tête, « déclaré la guerre » aux syndicats, ni qu'ils essaient de traiter la Bourse du travail en pays conquis. Ils font profession de respecter, dans sa nécessaire autonomie, l'organisme économique du prolétariat. — En quoi ils ont tout à fait raison.

— Mais ils ajoutent qu'ils voudraient voir, d'abord, cet organisme économique délivré de la politique spéciale, trop voisine de l'anarchisme, qu'on lui a trop longtemps imposée. — En quoi ils n'ont pas tout à fait tort.

Sur la terre syndicale, écrivait Fournière dans *la Revue socialiste*, les anarchistes ont émigré. Ils y ont apporté tous leurs dieux et tous leurs rites.

Il y a beau temps, sans doute, qu'on aurait pu et dû les remettre à leur place. Si vraiment les outrances de langage et de geste dont le Comité Confédéral se fait une gloire sont le fait d'une minorité, pourquoi laisse-t-on cette minorité parler et agir au nom de la masse des travailleurs organisés ? A quoi les socialistes répondaient que, pour remettre à sa place cette « poignée d'anarchistes » — comme disait Guesde à Limoges — ils entendaient choisir leur moment. Or, c'est un moment particulièrement mal choisi pour remercier des meneurs, que celui où ils sont poursuivis. Tant qu'ils attirent sur eux la foudre, impossible de les déboulonner. Sacrés ils sont à nos yeux, puisque le gouvernement y touche. Plus il s'arme contre eux, plus il nous désarme, et tous les coups qu'il leur porte scellent plus que jamais la solidarité que nous voulions desserrer.

Latapie expliquait bien ces répercussions, qui écrivait dans *l'Humanité* que Clemenceau fut le meilleur artisan, — quoique, ou parce que, involontaire — de « l'union morale » entre syndicalistes de toutes nuances.

Le scrupule qui arrête ainsi beaucoup de socialistes, si gênés qu'ils soient, par l'action des Griffuelhes, des Pouget ou des Bousquet, est certes un sentiment très respectable — et très français. — Il nous est toujours pénible de lâcher ceux sur lesquels s'abat la poigne gouvernementale. Il nous répugne en quelque sorte de tirer par les pieds ceux qui reçoivent des coups sur la tête. Nous serions plutôt portés à réclamer, à leurs côtés, une place qui nous paraît une place d'honneur.

Mais de ces temporisations chevaleresques, on voit aisément le danger. D'abord, il n'y a pas de raison pour que cela finisse. Tant que vous vous laisserez représenter par des anarchistes, ils feront leur métier d'anarchistes. Et le gouvernement fera son métier de gouvernement. La violence appelle la répression. C'est un cercle, vous y êtes pris. Chaque jour qui passe, chaque affiche qui se placarde, chaque procès qui se déroule, vous solidarisent plus étroitement avec ceux que votre complaisance a laissés mener la danse.

Et c'est ainsi, pour ne pas désavouer des « compagnons » compromettants, qu'on en arrive, de proche en proche, à avoir l'air de se désavouer soi-même. On paraît plus rouge qu'on n'est. Et cette apparence fournit au gouvernement des prétextes pour réagir, comme à l'opinion, des raisons de s'alarmer.

Beaucoup de socialistes semblent enfin avoir compris ce péril. Ce n'est pas sans motif que Griffuelhes entrait, l'autre jour, dans une si grande colère ; on s'occupe sérieusement, paraît-il, de lui chercher un remplaçant. Guesde et ses lieutenants, mènent dans le Nord, contre les nouvelles « déviations » qui font les affaires de la conservation sociale, une campagne ardente. Jaurès, qui prenait à Limoges, contre Guesde, le parti de la C. G. T., fait discrètement sonner, si l'on ose dire, une clochette d'alarme. Il indiquait l'autre jour que, pour conquérir le nécessaire assentiment de la majorité des citoyens, la méthode est mauvaise, qui consiste à donner un blanc-seing aux casseurs de vitres. « Ce serait faire trop d'honneur aux gouvernants, ajoutait-il, que d'obscurcir, pour protester contre eux, la vraie pensée du socialisme. »

Puissent ces avertissements être entendus, et le socialisme trouver un moyen, à Nancy ou à Stuttgard, de couper le panache anarchiste que la C. G. T. lui inflige. C'est le contraire qu'il faudrait souhaiter, si nous voulions la mort du socialisme. Car « la politique spéciale » de la C. G. T. est comme une pierre à son cou : elle aurait tôt fait, sans doute, de le couler. Mais ce que nous voulons avant tout, c'est la vie du réformisme. Et c'est pourquoi nous souhaitons sincèrement de voir, sous l'effort de pensées claires et courageuses, se dissiper des équivoques qui n'ont que trop duré ; elles feraient trop bien, finalement, les affaires de nos conservateurs, démasqués ou masqués...

AU « PARLEMENT DES TRAVAILLEURS[1] »

Vœlkerparlament, *Abeiterparlament*, c'est en ces termes que les journaux socialistes allemands se plaisent à saluer le Congrès socialiste réuni à Stuttgard : ses six cents délégués sont la preuve vivante que l'Internationale passe enfin au rang des réalités. Une coupole sans piliers, telle était, reconnaît Bebel dans le *Vorwaerts*, l'Internationale d'avant 70. Depuis, lentement, les piliers se sont dressés ; la coupole sera soutenue. Les partis socialistes nationalement organisés ont mené assez loin leurs actions autonomes pour qu'il soit possible de les concerter utilement.

Qu'on partage ou non la foi de ces hommes, il faudrait se crever les yeux pour ne pas voir la grandeur du mouvement qui les assemble, par-dessus les frontières et par-dessus les mers, sur les bords du Neckar. De la tribune de la presse j'ai pu, au concert organisé dans

---

1. *Dépêche* du 23 août 1907.

la *Liederhalle*, reconnaître toutes les races. Russes barbus ou Anglais glabres, Espagnols aux traits convulsés ou Japonais souriants, lorsque le chœur chante : « *Ich bin der Sozialismus* : je suis le socialisme », un même frisson les secoue. C'est une grandiose communion de souffrance, de colère et d'espérance. Spectacle bien fait pour réjouir les mânes d'un Schiller.

Cette espèce de religion nouvelle, à base économique, suffira-t-elle à faire régner en effet un ordre international ? Réussira-t-elle enfin à chasser du monde, divisé entre les patries, la furie de la guerre ?

Quelle que soit l'intensité de leur vibration commune, ces hommes restent séparés par d'invisibles murailles. La diversité des langages, à elle seule, les arrête fatalement, sur le chemin de la communauté des idées. (O espérantistes de Cambridge, que de conversions vous auriez pu faire à Stuttgard !) Et puis, sous la différence superficielle des manières de parler, que la différence profonde des manières de penser se révèle vite ! Ce n'est pas sans raison que Sombart distingue, dans l'histoire même du socialisme au dix-neuvième siècle, une méthode anglaise, une méthode allemande, une méthode française. Chez les trois peuples européens les plus civilisés et les plus civilisateurs, des tempéraments hétérogènes continuent leur travail inconscient. A la différence des tempéraments, ajoutez celle des institutions politiques, ajoutez surtout celle des systèmes économiques, qui sont bien loin d'en être, dans toutes les sociétés, au même degré de l'évolution. Vous comprendrez combien il est difficile de faire marcher du même pas des organismes qui n'ont pas la même structure, ou en tout cas qui n'ont pas le même âge. Qu'ils le veuillent ou non, les délégués assemblés sous mes yeux apportent leurs patries dans leurs moelles. D'indéniables solidarités de nations les partagent, comme autant de filets qui les empêchent de donner ici, à leur idéale solidarité de classe, son plein effet.

C'est précisément ce qu'oublie l'antipatriotisme étourdi que quelques-uns de nos socialistes ne craignent pas de nous prêcher. Et c'est précisément ce que leur rappelle cet après-midi, un peu rudement, celui que notre potache national, Hervé, appelle ironiquement le *Kaiser* Bebel.

Il n'y va pas de main morte, cet empereur. De quel vigoureux dédain il donne à notre professeur une leçon d'histoire en même temps qu'une leçon de patriotisme ! Regardez donc, lui crie-t-il, ce qui se passe en Pologne, ce qui se passe en Autriche. Comprenez ce qui se passera demain en Russie : sitôt le despotisme mort, les nationalités renaîtront. Le mouvement démocratique, qui accroît chaque jour la mainmise des classes ouvrières sur leurs milieux nationaux respectifs, rend chaque jour plus contestable la formule du *Manifeste communiste*. Les prolétaires ont une patrie : à être gouvernés par des étrangers, ils se sentiraient subalternisés deux fois. C'est légitimement que le xix° siècle aura été le siècle des nationalités.

Devant des sentiments si puissants, révélateurs de nécessités historiques, que nous parlez-vous de désertion et d'insurrection en cas de guerre? Vos formules — même celle de la dernière partie de la motion Vaillant-Jaurès — nous ne saurions les contresigner ici sans aller tâter aussitôt des tribunaux de l'empire. J'ajoute que la propagande qu'on vous permet de faire en France intéresse singulièrement notre état-major berlinois. Prenez garde de réussir trop bien. d'aller trop vite...

Après ces avertissements significatifs, il ne restait plus à Hervé qu'à exprimer sa déception, et à exhaler sa mauvaise humeur. C'est ce qu'il fait sans grâce. Par sa propagande volontairement brutale, explique-t-il, il voulait, en même temps que désarmer moralement le Gouvernement français, exciter la *Sozialdémocratie* allemande à batailler plus énergiquement contre l'impérialisme prussien. Mais il s'aperçoit que cette fameuse *Sozialdémocratie* n'est qu'une immense machine à voter et à cotiser. Bebel est décidément embourgeoisé. Il a peur, maintenant, de la prison. Et ses amis, trop bien disciplinés, ont peur de lui faire de la peine.

Dans ces conditions, ajoute Hervé, je crains bien que notre internationalisme ne soit en effet qu'une duperie. Je me demande, devant votre lâchage, si nous n'aurons pas en effet travaillé pour la guerre plutôt que pour la paix...

— Vous aurez travaillé pour le roi de Prusse ! interrompt Vandervelde.

C'est le mot de la fin. Hervé n'a plus qu'à ramasser son panier de pétards. Dès à présent la partie est perdue pour lui. Dès à présent il est trop clair que l'hervéisme n'est qu'illogisme.

C'est pourquoi il est vraisemblable que le Congrès socialiste international, réuni à Stuttgard, débarquera habilement les théories d'Hervé. Et c'est pourquoi aussi il est deux fois déplorable que notre Congrès socialiste national, réuni à Nancy, en ait trop généreusement repêché des morceaux...

LA LEÇON DE STUTTGARD[1]

Les congressistes socialistes sont rentrés dans le giron de leurs « marâtres », comme dit Hervé. Ils ont regagné leurs nations respectives. Quelles impressions vont-ils y rapporter? Quelles leçons se dégagent en particulier, pour les Français, des discussions de Stuttgard?

C'est à dessein que nous disons les *discussions*. Car pour les résolutions finales, on sait ce qu'en vaut l'aune. Ce qu'il y a de plus révélateur, dans les Congrès, ce ne sont pas les traités de paix qui les terminent, mais les batailles qui s'y poursuivent, les coups portés, les tactiques utilisées, les positions gagnées ou perdues.

A Stuttgard, c'est encore, comme on disait à Amsterdam, une « motion-caoutchouc » qui l'emporte. Libre à chacun de la tirer en son sens. Elle est assez élastique

---

1. *Dépéche* du 30 août 1907.

pour contenter tout le monde et l'empereur. Elle laisse, en somme, chaque parti socialiste juge, dans sa nation, des moyens à employer, des efforts à dépenser contre la guerre. Elle n'aboutit à aucun accord international ferme et précis. Elle n'organise pas la moindre simultanéité de désarmement. C'est un « vœu » de plus. Était-ce bien la peine, pour en arriver là, de tant railler les diplomates de la Haye?

On nous assure pourtant que pour en arriver là, il a fallu se donner beaucoup de peine et consommer beaucoup d'ingéniosité. Cette résolution transactionnelle, des socialistes français nous laissaient entendre qu'elle constitue, à y bien regarder, une victoire sur la *Sozialdémocratie* allemande. Après une semaine de manœuvres on aurait enfin réussi, sur certains points, à faire fléchir sa résistance...

Pour moi, ce qui m'a frappé et ce qui doit faire réfléchir tous les Français, — même, et surtout les socialistes, — c'est l'intensité inouïe de cette résistance elle-même.

J'ai déjà dit avec quelle verdeur Bebel, à la première séance de la « commission militaire », avait exécuté Hervé. Le lendemain, comme Jaurès s'écriait spirituellement : « Bebel et Hervé sont d'accord au moins sur un point : ils exagèrent l'un et l'autre l'importance de l'hervéisme », Bebel de lui répondre, non sans ironie : « Prenez garde de l'exagérer plus que moi. N'est-ce pas vous qui avez fait voter à Nancy, pour être à la hauteur d'Hervé, une apologie de l'insurrection et de la grève générale en cas de guerre ? C'est pourquoi nous sommes obligés aujourd'hui de vous mettre dans le même sac et de repousser, aussi bien que la sienne, votre proposition. »

Sur ce point, la *Sozialdémocratie* s'est montrée intraitable. Pour une fois, Bebel était en plein accord avec Von Vollmar. Après une magnifique envolée de Jaurès, celui-ci, accentuant à plaisir la tranquillité froide de son débit, est venu rappeler au Congrès que le socialisme international avait rompu pour jamais avec les rêveries, à la fois mystiques et anarchistes, de Domela Nieuwenhuis. « Tant que vous n'aurez pas exclu Hervé, ajoutait-il en s'adressant aux socialistes français, on vous soupçonnera légitimement de vouloir faire retomber le socialisme dans les ornières romantiques. » Et Adler, volant au secours de ses collègues allemands, insinuait avec une bonhomie mordante que les socialistes français conservaient, pour la « politique décorative », un goût excessif. « Le génie germanique aime moins les mots, et davantage les réalités. »

Et toujours ce refrain revenait : « *Wir Deutschen, Wir Deutschen*. Nous autres Allemands... »

Si tous les pontifes de la *Sozialdémocratie* venaient ainsi, sous des formes différentes, répéter leur « *non possumus* », ce n'était pas seulement, comme l'expliquait brutalement Hervé, par peur de la prison. Fait déjà notable, certes, et gros de conséquences, que ce persistant respect du gendarme prussien. La rapidité avec laquelle le « libre Würtemberg » a expulsé le citoyen Quelch a pu édifier, à ce propos, les délégués étrangers sur les beautés du régime allemand.

Mais ce n'était pas seulement le fouet du Gouvernement qui faisait ainsi reculer les socialistes allemands : chose plus grave, c'était le frein de l'opinion. Plus que la crainte de l'empereur, la crainte du peuple lui-même fait la continuité de leur sagesse. Montrant la blessure toute fraîche qu'ils ont reçue aux dernières élections, ils semblaient dire à leurs camarades français : « Voulez-vous donc, par les gestes imprudents que vous nous demandez, élargir encore notre plaie ? » C'était leur rappeler du coup, et nous rappeler à tous, la vigueur redoutable du sentiment national répandu dans l'énorme masse de l'Empire.

Mais il y a plus. Ce n'est pas seulement

en dehors, c'est au cœur de la *Sozialdémo-cratie* elle-même que l'on sent la chaleur de ce sentiment. Les socialistes allemands restent des réalistes en effet. Plus conscients que tous les autres des nécessités histo-riques, c'est dans le cadre de leur milieu national que leur imagination se meut. C'est sur lui, c'est par lui qu'ils se préparent à agir. Et tout ce qui vient les troubler dans cette préparation lente et méthodique leur fait l'effet d'une diversion insupportable. On sentait à de certains moments, chez Bebel, chez Von Vollmar, l'envie d'envoyer prome-ner ces diables de Français, ces Welches qui, même lorsqu'ils sont, ou croient être socia-listes, préfèrent les grands mots, ou les gestes larges, à la « petite action quoti-dienne ». Tandis que nous Allemands, *Wir Deutschen...*

Après cela, j'oserai dire que la motion finalement votée est de peu de poids. Que nous importent les formules sur lesquelles on a transigé? Nous avons mesuré l'intensité du sentiment qui s'opposait, en Allemagne, au rêve étourdi de quelques-uns de nos so-cialistes français.

Nous savons maintenant — si nous avions besoin de l'apprendre, — que sur ce point du moins, le vieux prophète Guesde avait rai-son ; le progrès de l'hervéisme, sous quelque

6

forme que ce soit, aurait pour seul résultat de mettre, sous les pieds des autres, les nations les plus avancées; une fois de plus la volonté de justice pourrait bien être la victime bénévole de cette « volonté de puissance » dont M. Lichtenberger nous reparle fort à propos, dans son livre sur l'Allemagne...

Après les discours de Bebel et de Von Vollmar, j'entendais dans les couloirs du Congrès quelques-uns des plus distingués et des plus avancés de nos jeunes socialistes, s'écrier ironiquement: « C'est à vous rendre patriotes. » Telle est, en effet, la leçon de Stuttgard. Puissiez-vous la prendre au sérieux!

MALENTENDUS[1] ?

Il faut donc que je revienne sur le congrès
de Stuttgard, puisque Jaurès, l'autre jour,
m'accusait à ce propos de m'être montré
injuste pour les bons ouvriers d'une œuvre
de paix. Je servirais ainsi étourdiment, ajoutait-il, en propageant le « doute mauvais »
je ne sais quelles « besognes scélérates ».

Et il est vrai que je vois sans plaisir comment on utilise les débats de Stuttgard, dans
certains journaux. Un si beau concert d'in-
dignations vertueuses — si bien servies d'ailleurs par un certain nombre de falsifica-
tions habiles — ne me dit rien qui vaille.
« Signes de réaction », comme l'observait
justement M. Aulard.

Mais encore une fois, à qui la faute? Est-ce
notre faute si les socialistes français à Stuttgard, malgré les avertissements de Guesde,
se sont montrés imprudents, pendant que les

---

1. *Dépêche* du 18 septembre 1907.

socialistes allemands, sur les injonctions de Bebel, se montraient... trop prudents?

Je mets en fait que tout l'intérêt du congrès, en ce qui concerne l'antimilitarisme, résidait dans une comparaison. Que pouvons-nous attendre, à l'heure actuelle, du « pacifisme ouvrier »? Cela revient, pratiquement, à se demander : « Que feraient les Allemands? Et en feraient-ils autant que les Français? Sont-ils aussi avancés, sont-ils aussi mûrs que nous? » C'est à cette question surtout qu'on allait là-bas chercher une réponse.

Je prétends que cette réponse au moins n'a pas manqué de netteté.

On se rappelle en quelle posture se présentait le socialisme français, après le congrès de Nancy. Jaurès y avait une fois de plus refuté Hervé. (Qui l'a jamais mieux réfuté que lui?) Mais après avoir agréablement berné le « caporal » Hervé, il l'avait généreusement repêché. Chose plus grave, la résolution que Jaurès et Vaillant, avec le concours d'Hervé, faisaient préférer à celle de Guesde, retenait, en sa pointe extrême, une bonne dose d'hervéisme. Elle en condamnait les principes dans sa première partie — puisqu'elle déclarait sacrée l'indépendance des nations. Mais elle en absolvait, elle en glorifiait finalement les pratiques — puisqu'elle invitait le prolétariat à décréter au besoin, en cas de guerre, l'insurrection et la grève générale. Ce qui revient à dire, si nous comprenons bien, que pour empêcher la guerre étrangère il faut organiser la guerre civile. C'est avec ce beau plan dans leurs bagages que nos unifiés passaient la frontière.

Or, quand ils l'eurent déployé à Stuttgard, quelle figure firent leurs frères allemands? Jaurès ne me démentira pas si je dis qu'ils firent la figure la plus fermée, la plus renfrognée qu'on puisse rêver. Les discours de tous ceux qui parlèrent au nom de la *Sozialdémocratie* ne furent qu'un long sarcasme à l'égard de la résolution française. « Insurrection », « grève générale » en cas de guerre ? Ils ne déclarèrent pas seulement les mots inacceptables, mais la chose impossible. « Gare à la domination de la phrase ! » avait crié dans des circonstances analogues, contre les propositions de Nieuwenhuis, le vieux Liebknecht. C'est ce thème que reprirent à l'envi les orateurs allemands. Force fut donc de reconnaître que depuis Bruxelles ils n'avaient pas, sur ce point, avancé d'une semelle. Et s'il est vrai, comme le disait le *Vorwærts* la semaine dernière, qu'en ces matières le ton fait la chanson, j'affirme que le ton des Bebel et des Vollmar n'était que trop expressif : il prouvait que s'ils ne voulaient à aucun prix de « l'insurrection » et de

« la grève générale », ce n'était pas seulement — comme le répètent avec quelque
insolence leurs camarades français —, par
peur de l'empereur, mais d'abord par peur
de l'électeur, et, plus encore, par peur d'eux-
mêmes, pour ne pas s'imposer des méthodes
qui, toutes contraires à leurs méthodes fa-
milières, répugnaient sans doute à leurs in-
times convictions.

J'affirme que telle fut bien l'impression
non seulement de quelques journalistes plus
ou moins intéressés, mais d'un bon nombre
de socialistes français, qui ne cachaient pas
dans les couloirs leur étonnement, pour ne
pas dire leur consternation. Au surplus, si
mon témoignage sur ce point vous semble
suspect, ouvrez la dernière *Revue bleue* :
c'est un socialiste qualifié, retour de Stuttgard,
c'est M. Paul Louis, qui vous dénoncera ce
qu'il appelle le « modérantisme » croissant
de la *Sozialdémocratie*. Il vous expliquera
comment, se rapprochant du « réformisme »
dans le même moment que notre socialisme
unifié s'en éloigne, elle devait fatalement se
hérisser au contact de l'antimilitarisme révolutionnaire.

Après cette expérience décisive, avions-
nous tort de dire qu'il est plus dangereux
que jamais de céder en France, à l'hervéisme,
un pouce de terrain ?

Et j'entends bien l'excuse, ou l'explication. En parlant très haut, en élevant le ton, on espérait secouer, agiter, entraîner cette masse un peu pesante qu'est le parti socialiste allemand. N'était-il pas bon « d'aiguillonner » — comme le laissait entendre Jaurès au Tivoli-Vaux-hall — ce bœuf qui s'endort sur le sillon ? N'est-il pas vrai que tout mouvement qui accoîtrait en Allemagne l'énergie du contrôle populaire multiplierait en Europe les chances de paix ? — Et le fait est que si l'empire allemand devenait, je ne dis pas plus socialiste, mais seulement plus démocratique — si, en attendant les transformations économiques rêvées, il faisait quelques progrès politiques positifs — si seulement le droit de déclaration de guerre, au lieu d'appartenir à un empereur irresponsable, revenait aux représentants du peuple — on pourrait dormir un peu plus tranquilles. La *Neue Gesellschaft* l'indiquait avec raison dans son numéro d'août : la démocratisation de l'Allemagne est la première condition préalable de la pacification du monde.

Mais pour inciter les camarades allemands à l'effort démocratique était-il nécessaire de lancer, comme eût dit Liebknecht, tant de phrases révolutionnaires ? Était-il nécessaire, pour entraîner la *Sozialdémocratie*, de prendre Hervé en croupe et de brandir le fouet de la

grève militaire ? Nous ne savons pas au juste
— et personne ne peut savoir à l'heure actuelle — quel effet ces excitations produiront
sur les socialistes allemands. Ils ont formellement réservé leur liberté dans la résolution
finale elle-même : ne laisse-t-elle pas chaque
pays juge du degré d'acuité qu'il devra donner, selon les circonstances, à la lutte antimilitariste ? Mais ce qui paraît moins douteux,
en attendant, c'est l'effet qui sera produit sur
les antipatriotes qui s'abritent, chez nous,
derrière le socialisme. Ils se sentiront mieux
abrités que jamais. Ils tireront à couvert,
derrière tels morceaux de « résolutions ». Et
continuant à préparer l'insurrection et la
grève générale en cas de guerre, nos bons
apôtres de la guerre civile prétendront, textes
socialistes en main, qu'ils sont, eux, les
meilleurs ouvriers de l'œuvre de paix.

Jaurès, optimiste par système autant que
par nature, va volontiers déclarant que l'hervéisme est fini. La libre discussion de ces
dernières années aurait suffi à dégonfler ce
ballon d'essai. Telle n'est pas du tout notre
impression. Certes, la faiblesse logique de
l'hervéisme a été cent fois démontrée. Mais
cela ne nous paraît pas diminuer pour autant
sa force pratique. Il exploite merveilleusement
ces instincts simplistes dont quelques socialistes commençaient à se plaindre à Stuttgard,

et dont tant d'entre eux, jusqu'ici, ont profité. Dans les régions du moins que nous connaissons, nous avons maintes fois constaté que ce que les « jeunes » comprennent de plus clair, ce qui les émeut et les attire le plus dans le socialisme, c'est l'hervéisme. Or voici que — contrairement à ce que semblait nous annoncer Jaurès, il y a un mois — l'hervéisme revient de Nancy et de Stuttgard avec sa bonne part de lauriers. La tactique révolutionnaire qu'il s'acharne à préconiser pour le jour de la mobilisation n'a-t-elle pas été finalement défendue contre le socialisme allemand par le socialisme français ?

C'est pourquoi nous nous obstinons à craindre que le résultat le plus prochain de tant d'efforts ce soit d'accroître, en France, l'intensité de la poussée hervéiste, et d'augmenter, à cet égard, notre redoutable avance.

NÉGATEURS[1]

Sur les murs du Quartier-Latin, des affiches rouges annonçaient l'ouverture d'une série de conférences, organisées par le *Mouvement socialiste*. Pour la première, un sujet de saison, et qui le restera longtemps : « le Parti socialiste et les Syndicats ». Je me suis donc rendu à l'invitation, pour compléter mon instruction syndicaliste.

Je me suis trouvé en présence d'une petite Université populaire — du type de celles-là mêmes auxquelles Jules Guesde accordait dédaigneusement naguère « juste autant d'importance sociale qu'à l'œuvre des petits teigneux ». Beaucoup plus d'« intellectuels » que de « manuels ». Plus d'étudiants, et d'étudiants russes, à ce qu'il m'a semblé, que d'ouvriers.

Mais enfin, il y en avait au moins un : l'orateur. C'est Victor Griffuelhes, secrétaire du comité de la Confédération du Travail.

---

1. *Dépêche* du 3 janvier 1908.

Griffuelhes est un orateur dans toute la force du terme. Par où je ne veux pas dire du tout un déclamateur. Il y a une pointe d'affectation sans doute dans la facilité de ce Méridional. Mais il sait être simple et précis. Il préfère la discussion des chiffres ou le récit des faits aux apostrophes inutiles. On peut admirer, dans cette physionomie de zouave convalescent, une sombre ardeur parfaitement maîtresse d'elle-même.

Mais si la personnalité est sympathique, combien hargneuse la doctrine! L'attitude qu'elle prêche est bien, comme disait Macdonald à Stuttgard, celle de la « négation éternelle ». Couper les ponts entre la classe ouvrière et le reste du monde, c'est à cela que Griffuelhes réduit son ambition. Et l'on croirait à l'entendre, que quand cette opération sera faite, tout sera sauvé. Une fois donné le dernier coup de hache, l'humanité vivra enfin libre et heureuse, par l'action magique de l'esprit syndicaliste. En attendant, tout ce qui acoquine les abeilles avec les frelons, les producteurs avec les propriétaires, retarde d'autant l'émancipation intégrale.

C'est pourquoi la seule requête que le syndicalisme doive adresser au socialisme est celle de Diogène à Alexandre : « Ote-toi de mon soleil », ou, comme dit Griffuelhes, encore plus clairement : « Fichez-nous la paix ».

Le socialisme, aussitôt qu'il devient parlementaire, parlemente en effet. C'est dire qu'il fait des concessions. Il entre dans la voie des compromissions. En causant avec l'ennemi, il se contamine. Force nous est, en conséquence, de lui fermer la porte de nos syndicats. Pour nous garder purs, restons entre nous.

De même, et plus encore que le socialisme parlementaire, le syndicalisme réformiste accepte de « causer » avec les représentants du patronat. Il ne casse rien. Il se contente de multiplier les palliatifs. Il borne son ambition à accumuler les petits profits. Et sans doute, par cette méthode prudente, il attire des masses disciplinées. Mais il faut voir avec quel mépris Griffuelhes parle de ces « machines à cotiser » que sont les grands syndicats d'Allemagne ou d'Angleterre. Les représentants de ces armées refusent-ils, dans leur *Bureau international*, de se poser, comme peu pratiques, les questions que lui Griffuelhes regarde comme les seules intéressantes, celles de la grève générale ou de l'antipatriotisme? Qu'à cela ne tienne : Griffuelhes rompra avec le *Bureau international*. Il isolera délibérément dans le monde ouvrier le syndicalisme français, puisque c'est le seul qui comprenne clairement, paraît-il, la nécessité pour les ouvriers de s'isoler définitivement dans le monde bourgeois.

Il y a une demi-douzaine d'intellectuels qui se pâment sur la beauté, la simplicité, la fécondité de cette tactique. Les rédacteurs du *Mouvement socialiste* brodent sur ce thème, à l'infini, des variations d'ailleurs pleines de talent. Quand Griffuelhes a fini, ils chantent *Amen !* en fugue, comme les étudiants dans *la Damnation de Faust*. Le grand homme de ce petit groupe, M. G. Sorel, nous révèle sérieusement, dans un récent opuscule, que le syndicalisme ainsi compris a retrouvé tous les secrets du marxisme. Celui-ci se « décomposait », paraît-il, dans les mains des théoriciens ou des politiciens socialistes. Mais le souffle de Griffuelhes et de Pouget lui rend forme et vie. Grâce à eux, la classe ouvrière va s'hypnotiser à nouveau dans la préparation du grand soir de la grève générale. Elle n'hésitera plus devant les saines et saintes violences.

A quoi cela la mènera-t-il ? Nous ne savons pas au juste. Et nous sommes absolument incapables de préfigurer l'œuvre d'organisation positive à laquelle, maîtresse enfin des moyens de production, la classe ouvrière devrait se livrer. Mais il n'importe. Marchez pendant que vous n'avez pas la lumière. Croyez que le jour viendra. Il est bon, pour le socialisme aussi, que le peuple *croie*. M. Sorel vous démontrera complaisamment — en invoquant l'autorité de M. Bergson, qui n'en peut mais — que ces « mythes » sont le nécessaire alcool du prolétariat. Y aurait-il donc parmi ces apôtres du néo-syndicalisme des transfuges du catholicisme? Toute cette « mythologie » sent son cierge...

La majorité ouvrière, il est permis de le supposer, admire moins que ces intellectuels encore épris d'absolu l'intransigeance guerrière du néo-syndicalisme. La masse, M. Lagardelle l'accorde lui-même, est ordinairement plus « possibiliste ». Le moindre grain de mil fait mieux son affaire. Son poids seul oblige les meneurs aux compromis qui sont, jusqu'à nouvel ordre, les inéluctables conditions d'une action positive.

Tout de même, il est inquiétant de penser que, comme disait Griffuelhes, les organisateurs de « détraquement social » ou, comme disait Hervé, les professeurs de « gymnastique révolutionnaire » sont précisément, en raison de leur situation dans la C. G. T., comme les directeurs de conscience du mouvement ouvrier. Quelle propagande, avouée ou discrète, un secrétaire de syndicat peut faire en faveur du sentiment anarchiste, M. Etienne Buisson le montrait, dans un récent *Cahier de la Quinzaine*, par des exemples frappants. Et il avertissait que ce travail souterrain pourrait bien miner le prestige et de la doctrine et du parti socialistes eux-mêmes.

Il faut l'avouer : devant les écarts des syndicalistes anarcho-socialistes, comme on dit en Allemagne, nos socialistes unifiés, et parmi eux les ex-réformistes en particulier, se sont montrés jusqu'ici singulièrement « philosophes ». Qu'ils y prennent garde : ils s'amusent aujourd'hui des pierres que le syndicalisme révolutionnaire ne cesse de lancer au parti radical. Demain, elles leur retomberont sur le nez.

LE « MARAIS » DÉMOCRATIQUE [1]

« Le duel est, désormais, entre le socialisme et la démocratie. » C'est là, paraît-il, le dernier cri du jeune socialisme, syndicaliste et révolutionnaire. H. Lagardelle a fourni le thème. E. Berth et Laffon le modulent sur tous les tons. Et pour accompagner ce nouveau chant de guerre leur vieil ami G. Sorel, dans ses *Réflexions sur la violence* et son *Illusion du progrès*, offre la polyphonie de son érudition fantaisiste.

Certes il s'était trouvé déjà, pour marquer une superbe indifférence à la forme républicaine, un certain nombre de socialistes orthodoxes. L'espèce ne nous est pas inconnue. Nous l'avons vue, à Amsterdam, opérer en liberté. « Trop de zèle », criait-elle à Jaurès, militant bénévole de la défense républicaine. Mais « l'école nouvelle », comme ils disent, dépasse de toute la tête le plus hautain gues-

---

1. *Dépêche* du 24 décembre 1906.

disme. Ce n'est pas seulement à la forme républicaine qu'elle paraît en vouloir, c'est encore, c'est surtout à l'esprit démocratique. Le
démocratisme, voilà l'ennemi. Si nous n'em-
pêchons la classe ouvrière de retomber dans
« l'ornière démocratique », s'écrie G. Sorel,
c'en est fait du socialisme : il restera enlisé
dans la boue.

Que signifie cette antithèse originale ? Il est
prématuré, peut-être, de vouloir l'expliquer.
Il y a là des pensées qui se cherchent. Elles
ont évolué déjà. Elles évolueront encore.
Espérons qu'elles monteront vers la pleine
clarté...

A travers la brume où elles continuent de
s'agiter deux sentiments paraissent assez
clairs. Nous croyons comprendre que si ces
socialistes nouveau-style en veulent à la démocratie, c'est parce qu'elle se prête trop
aisément, pensent-ils, aux déclamations de
l'humanisme et aux raccommodages du *solidarisme*.

L'humanisme, d'abord, leur prend sur les
nerfs. Les « Droits de l'Homme » ? Phraséologie bourgeoise, radotage de littérateurs. La
société, dites-vous, doit aider ses membres,
de toutes conditions, à développer toutes leurs
puissances d'hommes ? Vous voulez qu'au
delà du cercle de son métier chaque citoyen
puisse embrasser des yeux tout l'horizon in-

7

tellectuel et prendre ainsi sa part de la civilisation véritable ? Platonisme, idéal bon peut-être pour le citoyen antique, inapplicable au producteur moderne. Nous ne connaissons plus, pour nous, d'autre philosophie que la philosophie de l'outil. Les seules notions que saisisse vraiment l'homme, ce sont celles que l'exercice de sa profession soulève autour de lui, comme le rabot du menuisier fait voler les copeaux. C'est pourquoi le métier, et le métier seul peut fournir à l'homme le noyau de sa philosophie. C'est en défendant ses intérêts professionnels que l'ouvrier s'élèvera lui-même. C'est par le syndicalisme, en un mot, qu'il s'assurera cette culture que la démocratie essaierait vainement de lui octroyer.

Il y a une pointe de vérité sous ce paradoxe. Il est vrai que la culture générale, pour porter ses meilleurs fruits, doit se greffer sur la culture professionnelle. Il est vrai que nulle éducation ne vaut celle que les prolétaires se donnent à eux-mêmes, en se groupant, en se concertant, en se disciplinant pour l'action syndicale. Pour qu'une idée vive vraiment dans les consciences, ne faut-il pas qu'elle soit née elle-même de la vie pratique ?

Il n'en reste pas moins que toute la vie n'est pas enclose dans les syndicats. La profession n'est pas la nation. Et pourtant la profession a besoin de la nation. Les différents groupements économiques entre lesquels nous sommes répartis, il faut bien — ne fût-ce que pour discuter et réformer les conditions de leur collaboration — qu'ils forment un ensemble social. Il faut qu'un même squelette d'institutions soutienne leurs mouvements. Il faut que d'un organe à l'autre un même courant de sentiments puisse circuler. C'est en songeant à ces nécessités que l'on n'a cessé de réclamer, pour tous les « membres du souverain », une participation de plus en plus libre à la vie morale de l'ensemble. L'horizon intellectuel de l'individu doit s'élargir pour qu'il puisse exercer utilement la part de direction à laquelle il a droit. L'idéalisme démocratique ne fait qu'exprimer à sa manière cette nécessité vitale.

Et au fond n'est-ce pas ce même idéalisme qui faisait, quoi qu'il en eût, la force d'un Karl Marx lorsqu'il protestait, par exemple, contre un régime qui fait de l'ouvrier, disait-il, un « appendice de la machine », et ne laisse subsister, au lieu de la personnalité intégrale, qu'un lambeau de personnalité, un *Theil-Individuum ?* Les socialistes sont donc des ingrats lorsqu'ils répètent — comme Guesde naguère après le congrès de Tours — qu'ils ne sont pas les fils des Droits de l'Homme, mais les fils du Cheval-vapeur. Ils entendent opposer ainsi les sentiments jaillis de la réalité économique aux sentiments dérivés de l'idéalisme philosophique. Ils ne voient pas que sans le travail auquel celui-ci s'est livré, la conscience collective ne serait pas choquée, blessée comme elle l'est de la dépendance où l'évolution économique laisse le plus grand nombre, « à la fois souverain et misérable ». La réalité économique ne nous ferait pas vibrer de la sorte, si les cordes de l'idée n'étaient pas tendues dans notre âme...

Mais nous l'avons laissé voir : l'esprit démocratique escompte un certain sentiment de « l'ensemble social ». Pour la réforme même de l'organisation nationale il suppose, jusqu'entre les classes que leurs intérêts opposent, une certaine communauté d'institutions, de coutumes et d'idées. Ce sont surtout ces perspectives solidaristes qui ont le don d'exaspérer nos intellectuels révolutionnaires. Le seul soupçon qu'on pourrait s'entendre, poursuivre une discussion, se faire des concessions, les met hors d'eux-mêmes. Ils flairent d'une lieue ce qu'ils appellent la pommade de la paix sociale. Et cela leur donne des haut-le-cœur.

L'esprit démocratique serait peut-être capable, en effet, d'incliner les privilégiés aux concessions. Il serait capable d'engager les déshérités aux compromissions. Voilà ce qu'il faut éviter à tout prix. Nous ne voulons pas,

disait G. Sorel, que la mentalité ouvrière en-
lise dans l'ornière démocratique. Mais ce que
nous craignons par-dessus tout, dira-t-il encore, c'est ce « marais démocratique » où les
classes risquent de se mêler.

Et là-dessus, il accuse le solidarisme de développer, au grand dam de la révolution, ce
qu'il appelle la lâcheté bourgeoise. Défendez
donc vos privilèges avec plus d'âpreté, — à
seule fin qu'avec plus d'âpreté nous puissions
vous attaquer. Nous avons besoin de votre résistance aveugle, — à seule fin de pouvoir
déchaîner contre elle l'aveugle violence ouvrière. Ces grands chocs de masses nous sont
indispensables pour électriser l'atmosphère,
et pour obtenir, enfin, les belles étincelles de
l'héroïsme révolutionnaire.

Ainsi nos nouveaux Jupiters appellent
l'orage. Et il semble en effet que pour eux
tout l'art, toute la science du socialisme an-
tidémocratique consiste à amasser dans la
nuée une immense provision de haine — jusqu'au jour béni où la nuée crèvera pour tout
inonder, dans la nation privilégiée qu'ils ont
choisie pour terrain d'expérience.

DOUCEUR ET VIOLENCE [1]

Il y a au moins quelqu'un qui doit se réjouir — s'il est logique — des tristes événements de Draveil : c'est l'auteur des *Réflexions sur la Violence*, c'est M. Georges Sorel.

Nos jeunes socialistes-syndicalistes-révolutionnaires — ceux-là mêmes que Sombart appelle les « gourmets du socialisme » — sont fort occupés à lancer, avec le concours du *Matin*, ce nouveau grand homme. Prêtons-nous à ce jeu. Poussons à cette roue.

M. Georges Sorel est un homme très doux, comme Baruch de Spinosa, et tout à fait respectable. Ingénieur en retraite, il mène une vie de philosophe solitaire. Il pense tout haut, en toute simplicité, à propos de ses dernières lectures. Ce n'est à aucun degré un « artiste ». C'est avant tout un sincère.

La meilleure preuve de cette sincérité absolue, c'est la facilité avec laquelle, sans

---

1. *Dépêche* du 14 juin 1908.

avoir l'air de s'en douter, il change d'opinion.
M. Georges Sorel a griffé beaucoup de gens.
Car ce philosophe a de la verve ; ce Spinosa
fait son petit Drumont. Mais le plus souvent,
ceux qu'il griffe aujourd'hui, il les caressait
hier. C'est le cas de Jaurès. C'est même celui
de Millerand. Dans la préface au *Socialisme*,
de Colajanni, M. Sorel n'admirait-il pas le
geste noble et habile par lequel M. Millerand,
ministre, s'efforçait de marier le socialisme
et la démocratie?

Aujourd'hui, M. Sorel démontre couramment que socialisme et démocratie c'est chien
et chat. Aujourd'hui, il dénonce à tout venant
les mensonges et les dangers du « solidarisme » : effort pour noyer le mouvement
ouvrier, comme il dit « dans la salive de
MM. les professeurs ». Mais avant-hier, il
déclarait gravement qu' « il est de la plus
« haute importance de savoir si la coopéra-
« tion, la mutualité et la solidarité seront
« considérées comme des règles supérieures,
« ou bien s'il faut admettre que l'on doit
« abandonner les hommes aux hasards de la
« lutte à outrance. »

Pour le moment donc, c'est l'idée de la
lutte à outrance qui a reconquis le cœur de
notre philosophe. Il écrivait naguère que la
« haine créatrice » n'est qu'une caricature de
la lutte de classes. Mais, avec ou sans haine, il

entend maintenant que cette lutte soit menée avec une violence systématique, et qu'on ne néglige pas une occasion de « rosser » les gardiens de la paix plus ou moins sociale. Salutaire gymnastique, s'écrie Hervé; elle est nécessaire à l'entraînement révolutionnaire. M. Sorel en tombe d'accord. Où l'un dit « tue », l'autre dit « assomme ». Touchant ensemble. Il paraît que le socialisme vrai ne pourra plus désormais se frayer qu'à coups de poing une entrée dans la République. Du grabuge, et encore du grabuge. Le désordre dans la rue en permanence, c'est le meilleur moyen d'arracher à la « lâcheté bougeoise » (entendez l'humanité de ceux qui s'interposent pour prévenir ou arrêter les conflits sanglants) des concessions qui en vaillent la peine. C'est le meilleur moyen en tout cas de briser les liens, de couper les ponts entre la culture bourgeoise et l'âme ouvrière. C'est le meilleur moyen de rendre à celle-ci le goût de la vie héroïque. Ainsi seulement nous rallumerons la haute flamme des « épopées de la Grande Armée ».

C'est une chose curieuse, chez nos syndicalistes français, que ces retours de l'obsession napoléonienne. Les réactionnaires partisans du « coup », les théoriciens de l'action directe plus ou moins française n'ont pas tort de leur tendre la main, par-dessus la République.

Beaucoup de nos antimilitaristes ne sont que des guerriers retournés. Petit bonhomme vit toujours : la flamme demeure en changeant de mains ; elle fait ainsi le tour de la société française...

Et dans cette nostalgie de l'héroïsme, il y a sans doute quelque chose de très noble. Il faut reconnaître ici l'horreur qu'inspirent la platitude, la bassesse, la veulerie, dont trop d'âmes contemporaines nous donnent le spectacle.

Nos régénérateurs n'oublient qu'un point — et c'est en quoi leur imagination reste, en effet, abusivement militarisée. Ils oublient qu'il est loisible aujourd'hui de se dépenser, de se dévouer, de se sacrifier ailleurs que sur les champs de bataille et sur les champs de grève. Le petit travail quotidien, comme disent les Allemands, a sa grandeur. Un verrier de Carmaux, un vigneron de Maraussan œuvrent plus modestement, sans doute, qu'un Griffuelhes ou un Bousquet au manège Saint-Paul. Mais leur effort organisateur est peut-être plus difficile, et en tout cas il est finalement plus utile que les grands élans destructeurs.

On oublie encore, en effet, les résistances que ceux-ci appellent fatalement, et les réactions qu'ils provoquent, dans une démocratie plus que partout ailleurs. La démocratie s'est précisément organisée pour qu'on parlemente au lieu de se battre. Et c'est pourquoi le « préjugé de l'ordre » dans la rue se retrouve, aux moments difficiles, dans ses instincts profonds. Elle sent que ces retours de barbarie risquent de lui faire perdre le champ si péniblement gagné. Elle se contracte donc, à ces moments-là, et se replie sur elle-même au lieu de s'ouvrir.

Ce sont ces heures grises que guettent naturellement tous les conservateurs sociaux. Ils ne manquent pas d'utiliser adroitement ces répugnances et ces craintes. Et c'est ainsi qu'aux difficultés d'ordre financier que rencontre le mouvement réformiste s'ajoutent les difficultés d'ordre moral. Placer des cadavres sous les roues du char, comme à Jaggernauth, ce n'est pas du tout le moyen de le faire avancer.

Mais allez donc, à nos philosophes du syndicalisme révolutionnaire, parler d'un programme de réformes sociales et des moyens pratiques de le réaliser ! Ils ont trouvé, eux, un moyen pratique de ne pas mentir à leur programme. Et c'est de n'en /plus avoir du tout. Qu'est-ce qu'on fera, quand on aura une bonne fois ameuté la classe ouvrière avec le « mythe » de la grève générale? Mystère et discrétion. Des gendarmes assommés, des ouvriers fusillés, des usines brûlées, peut-être : et puis après? comme disait Guesde à Limoges.

Mais c'est en demander trop long à nos doux théoriciens de la violence. Ils tiennent les yeux obstinément fixés sur les rouges feux de Bengale qu'ils allument; et leur plus grand plaisir est de ne plus rien voir, ni à droite ni à gauche, ni devant ni derrière.

L'EMPIRISME ORGANISATEUR

CONTRAT DE TRAVAIL[1]

Dans le bilan des derniers mois parlementaires il est dommage que la question du *contrat de travail* tienne si peu de place. Un beau titre, et un grandblanc, — c'est tout. Il est cependant urgent qu'on en cause, de cette question, et de toutes celles qui tournent autour.

Au lendemain des élections, elle avait été posée nettement par le premier ministère Clemenceau, — par le ministère Sarrien. Atténuer l'inégalité des parties en présence, et raréfier leurs conflits, c'est l'effet normal des conventions collectives entre patrons et ouvriers. C'est pourquoi le gouvernement doit au pays de favoriser ces conventions, en précisant leur mode de formation et de résolution.

Ainsi s'exprimait à peu près l'avant-projet de M. Doumergue. Le gouvernement prouvait par là qu'il avait compris, à travers le tu-

---

1. *Dépêche* du 3 janvier 1907.

multe du mois de mai, l'un des vœux profonds de la démocratie. Que la classe ouvrière soit mise à même d'intervenir, de plus en plus activement, dans la détermination des conditions de vie qui sont faites à ses membres. Qu'au lieu de déchirer la nation par des gestes impulsifs, elle se crée des organes de contrôle capables de participer, de plus en plus intimement, à la direction même du travail. Qu'elle enfante un ordre nouveau, enfin, mais non plus un désordre perpétuel. Une nouvelle réglementation du contrat de travail ne mettrait-elle pas aux mains des ouvriers un bouclier précieux contre les répercussions de « l'anarchie économique » ?

Sur les principes mêmes qui justifieraient la réforme, l'accord, dans l'opinion, n'est pas loin d'être fait. De plus en plus, par les progrès de la réflexion publique, appliquée aux réalités de l'économie moderne, les positions des vieux économistes « libéraux » sont abandonnées. Le flot se retire d'eux. Leurs barques sont à sec. Qui oserait aujourd'hui soutenir que l'employeur et l'employé sont toujours, l'un en face de l'autre, deux individus libres et égaux? que par suite il importe de les laisser discuter, d'individu à individu, « en tête-à-tête », les conditions du *contrat de travail ?* Non, la partie n'est pas égale. Assis sur ses sacs ou sur ceux des actionnaires, l'employeur capitaliste peut attendre. A lui tout seul, on l'a dit, cet homme est une coalition. En face de lui, une multitude tend les bras, d'hommes qui n'ont en effet que leurs bras pour vivre. Et pour obtenir l'emploi qui les fera vivre ils se pressent, se bousculent, s'écrasent les uns les autres. La concurrence que les demandeurs de travail se font entre eux accroît effroyablement, vis-à-vis du distributeur de travail, leur infériorité essentielle.

Substituer le marchandage collectif aux engagements d'homme à homme, ne serait-ce pas déjà diminuer cette infériorité en atténuant cette concurrence? La « loi d'airain » n'est qu'un mythe, une sorte d'idéal pessimiste. Contre les prophéties des premiers socialistes « scientifiques » l'expérience a prouvé que les salaires sont loin de descendre, fatalement, au plus bas du niveau vital. Mais si les salaires montent, il faut ajouter que c'est, le plus souvent, sous la pression produite par les coalitions de salariés. Qu'à ces coalitions, momentanées et plus ou moins désordonnées, des organisations permanentes se substituent : on peut espérer que les intérêts des salariés seront ainsi mieux défendus et contre eux-mêmes et contre les autres, — et contre la concurrence ouvrière et contre l'arbitraire patronal. Ainsi les non-propriétaires se dégageraient peu à peu, par l'extension du contrôle collectif, de cet état d'insécurité et de dépendance où se réduit, trop souvent, leur liberté individuelle.

Mais devant cet effort d'organisation, nul doute qu'il se trouve encore des gens pour crier à l'anarchie. Que dans l'atelier aussi l'absolutisme ait fait son temps, c'est ce qu'ils ne se décident pas à comprendre. L'autorité patronale obligée de supporter un contrôle ouvrier, on dirait que c'est pour eux la fin du monde économique ! Il semble qu'à leurs yeux l'immixtion des syndicats dans la direction de l'industrie, c'est le sable dans la machine, et que toutes les roues vont s'arrêter en gémissant.

L'expérience devrait pourtant les avertir. En fait, le régime des conventions collectives est largement pratiqué dans d'autres pays, en Allemagne par exemple. Et l'industrie ne s'en porte pas plus mal. Les patrons en ont très bien pris leur parti. La dernière *Année sociologique* nous renseigne utilement sur les compensations qu'ils y trouvent. D'après M. Schmalzer, les contrats collectifs sont un principe d'unification dans les conditions du travail : un principe de stabilité, donc, pour les frais de production. L'employeur sait mieux sur quoi il peut compter, et avec quoi ses rivaux doivent compter. D'autre part, si les contrats collectifs ne suppriment pas les oppositions de classes, ils atténuent du moins les inimitiés personnelles ; ils rendent les conflits plus rares en même temps que plus graves, en un mot plus décisifs. Tout compte fait, cette organisation qui réduit son pouvoir arbitraire économise à l'industriel beaucoup de frottements, de heurts, de déperditions de force.

Voilà, du côté des patrons « conscients », quel son de cloche on peut déjà entendre. — Mais que vont dire alors les ouvriers « conscients » ? Ne vont-ils par sonner l'alarme ? Ne suffit-il pas, aux yeux de tels d'entre eux, que leurs employeurs puissent s'accommoder d'un régime, pour qu'à l'instant même ils n'en veuillent plus ?

En fait nous avons vu, à Amiens, le citoyen Merrheim jeter feu et flammes contre toutes les soi-disant « lois ouvrières » préparées par le ministère. Le projet concernant le contrat collectif ne trouvait pas grâce à ses yeux. L'établissement de conventions générales, imposant leur forme à toutes les conventions particulières, aurait bientôt pour résultat, pensait-il, de faire rentrer dans les mêmes cadres légaux tous les salariés d'une même usine, d'une même industrie. Le contrat collectif nous mettrait sur le chemin du syndicat obligatoire : descente dangereuse.

Argumentation bizare. — Jaurès lui-même le faisait discrètement observer à Limoges. N'avez-vous pas dit cent fois que les syndicats devaient être, devant le reste de la société, les représentants naturels et comme les mandataires légaux de la classe ouvrière? Et vous dénoncez d'avance une institution qui aurait pour résultat, selon vous, d'enregimenter dans les syndicats ces masses qui vous échappent? C'est se plaindre, en vérité, que la mariée soit trop belle.

Au vrai, l'état d'esprit que cette méfiance révèle, nous le reconnaissons. C'est la peur des interventions de l'Etat, dit-on. Mais c'est peut-être aussi la peur de la démocratie. Il y a beaucoup de syndicalistes qui ne verraient pas sans inquiétude la masse envahir leurs syndicats. Ils trouvent plus commode de lui faire violence que de lui faire crédit. Ils n'aiment guère qu'elle ait voix au chapitre. Et c'est peut-être pourquoi ils ne regardent pas d'un très bon œil les institutions qui pourraient aider la majorité, de plus en plus consciente de ses intérêts, à jeter son poids dans les balances de la discussion entre patrons et ouvriers.

Ils travaillent donc consciencieusement à discréditer, par avance, aux yeux du plus grand nombre, toutes les institutions grâce auxquelles « on pourrait causer ». Tous ces projets réformistes, nous répètent-ils, sont autant de « gâteaux empoisonnés » : tel est, si l'on ose dire, le *tarte-à-la-crème* des purs du syndicalisme.

Pour dissiper les équivoques qu'ils entretiennent ainsi, il importe que le gouvernement précise au plus tôt ses projets et en soumette les détails à une large discussion. Puissent bientôt les idées ministérielles sur le *Contrat de Travail* descendre des hauteurs des Déclarations, et se rapprocher de la terre.

RESPONSABILITÉ SYNDICALE[1]

En face du syndicalisme, de quoi est capable le parlementarisme? Quelle lois vont élaborer, quelles mesures vont proposer le gouvernement et les Chambres pour ou contre les Syndicats et les Bourses?

C'est très simple, soufflent quelques bons apôtres de la paix sociale : avant tout, « mater les syndicats »; cesser de subventionner les Bourses si elles ne sont pas sages ; et ne pas cesser de coffrer les militants à la première parole imprudente...

C'est très simple en effet. C'est même trop simple. Il est trop clair que cette tactique ne peut qu'exaspérer les passions, sans résoudre aucun problème. A la pousser à l'extrême, c'est la guerre civile, et non la paix sociale que vous prépareriez. Au vrai il n'y a qu'un moyen pratique de mettre

---

1. *Dépéche* du 3 novembre 1907.

syndicats et syndicalistes « dans l'impossibilité de nuire ». C'est de les mettre dans la possibilité d'agir, de produire, d'organiser.

Briand l'indiquait justement l'autre jour à Liévin, d'une parole très waldeckiste : « Tout le mal vient de ce que les syndicats tournent à vide. Assurons-leur la propriété pour qu'ils acquièrent le sentiment de leur responsabilité. »

Là-dessus, à vrai dire, nombre de syndicalistes et de socialistes ont jeté les hauts cris. Ils ont averti la classe ouvrière : « C'est encore un gâteau empoisonné ». Et Jaurès, à Narbonne, ne paraissait pas éloigné de leur donner raison contre son ex-collaborateur.

A vrai dire les uns et les autres procèdent jusqu'ici par allusions un peu voilées. L'opinion ne saisit pas clairement où ils veulent en venir. Leurs idées se heurtent dans l'ombre. Espérons qu'elles prendront forme et couleur au contact des projets qui sont à l'ordre du jour du Parlement.

Il y en a deux qui auraient pour résultat nécessaire de transformer le caractère des organisations syndicales : le projet Waldeck-Rousseau-Millerand, qui modifie la loi du 21 mars 1884 sur les syndicats professionnels, et le projet Doumergue, qui réglemente le contrat de travail.

On sait qu'actuellement, dans la plupart des cas, les conditions de travail ne donnent pas lieu, entre employeur et employé, à un débat véritable. L'ouvrier n'a le plus souvent, par exemple, ni la capacité de discuter, ni celle de faire respecter les clauses du règlement d'atelier. Le projet Doumergue voudrait donner aux syndicats la faculté de dresser, entre la collectivité ouvrière et la puissance patronale, un contrat véritable. Ils pourraient poursuivre l'application des clauses en réclamant des dommages-intérêts.

Nouveauté considérable dans notre droit, et grosse de conséquences. Pourquoi certains syndicalistes s'en défient, c'est ce qu'on n'aperçoit pas clairement. Le régime du contrat collectif décuplerait l'influence morale en même temps que la puissance juridique des syndicats. Ils deviendraient de plus en plus, par ce seul chemin, les procureurs en même temps que les avocats-conseils de la classe ouvrière.

Bien plus, dira-t-on, il ne tient qu'à eux de devenir les gérants de ses intérêts. N'offrons-nous pas de leur accorder désormais, non seulement la pleine personnalité civile, mais le droit d'acquérir et de posséder, sans aucune limite ni restriction, à titre gratuit ou à titre onéreux, tous les biens meubles ou immeubles qu'il leur plaira ? Ainsi leur sera-t-il loisible, comme dit l'exposé des motifs du projet Waldeck-Millerand, de multiplier les entreprises « positives et matérielles », de « développer et de faire fructifier leurs ressources » ?

Pourquoi les syndicats repoussent ce nouveau présent — il est plus aisé de le comprendre. C'est qu'une expérience les avertit, l'expérience anglaise. Les Trade-Unions ont appris ce qu'il en coûte, à des associations ouvrières, de devenir propriétaires. On les a frappées à la caisse. La jurisprudence inaugurée par le juge Farwell s'est fait un plaisir de leur infliger, pour faits de grève, des amendes énormes. A l'exemple de la compagnie du Taff-Vale, des patrons ont demandé, et obtenu des 600.000 francs de dommages-intérêts.

La jurisprudence française se montrerait-elle, sur ce point, moins dure que la jurisprudence anglaise ? Il est permis d'en douter. Dans la *Revue politique et parlementaire* — que nul ne soupçonnera d'être trop « rouge » — MM. Maurice Alfassa et Roger Langeron en font justement la remarque : tout permet de supposer que notre Cour de cassation serait trop heureuse de provoquer à son tour, par une série de condamnations pesantes, une « crise du syndicalisme ».

Ses tendances ne justifient que trop les défiances des socialistes. On ne passe la propriété au cou des syndicats, pensent-ils, que pour les juguler. Possédants, ils seront *responsables*. Et la justice le leur fera bien voir.

Le danger est indéniable. Mais faudra-t-il donc, d'un autre côté, accorder aux syndicats, en même temps que la faculté d'intervention perpétuelle entre patrons et ouvriers, une irresponsabilité pleine et entière? Redoutable cadeau lui aussi, disait M. Barthou, que cette « omnipotence tyrannique ». Les syndicats seraient capables, au cas d'une violation du contrat collectif, d'intenter aux patrons une action en dommages-intérêts — et les patrons, en retour, ne pourraient rien contre eux? La situation serait intolérable. Des moyens termes restent à trouver. Pourquoi par exemple, comme le suggèrent MM. Alfassa et Langeron, au lieu que les indemnités dont les syndicats pourraient être passibles fussent laissées à l'arbitraire des tribunaux, le montant n'en serait-il pas déterminé, selon les cas, dans le contrat collectif lui-même?

Ainsi les deux projets en instance devant la Chambre devraient se combiner en quelque sorte pour que fussent neutralisés leurs inconvénients respectifs. — Questions délicates, et qui réclament l'attention informée de la démocratie. Le Ministère du Travail est là pour l'empêcher de s'engager dans les impasses. Depuis son institution il n'a pas fait grand bruit. C'est bon signe. Sans doute fait-il bonne besogne...

GRÈVES ET SYNDICATS [1]

—

« Au diable la politique, et surtout la politique démocratique. » C'est, paraît-il, et plus que jamais aux environs du 1er mai, la pensée profonde du monde des affaires. On y rencontre beaucoup de gens qui vous expliquent avec chaleur, que si leur industrie ne prospère pas, c'est la faute aux agitateurs et aux gouvernants leurs complices. « Les « radicaux ont peur des socialistes, qui ont « peur des syndicalistes. Et voilà pourquoi « les grèves se multiplient. Et voilà pourquoi « les affaires ne vont pas. »

Volontiers, d'ailleurs, certains militants du syndicalisme en tomberaient d'accord avec les capitaines d'industrie. Le « meneur » croit volontiers qu'il mène. Il se donne beaucoup de mal. Il pense donc assez naturellement qu'il fait beaucoup de besogne. Son impérieuse inspiration ne semble-t-elle

—

1. *Dépêche* du 30 avril 1907.

pas soulever l'élément ouvrier, comme le vent soulève la vague?

Il faut en rabattre. A considérer impartialement les faits, à confronter les statistiques, on s'aperçoit que dans la progression des grèves, l'influence de la politique, même syndicaliste, est beaucoup moindre qu'on aurait pu le croire.

On commence enfin, de divers côtés, à étudier cet ordre de faits sociaux sans passion — ou avec la seule passion de la vérité. J'ai sous les yeux une considérable étude de M. Simiand, bibliothécaire au Ministère du Commerce, sur le *Salaire des ouvriers des mines de charbon en France :* elle est un modèle du genre. Peu de temps avant qu'elle parût, la *Revue d'Économie politique* publiait, de M. Ch. Rist, professeur à l'Université de Montpellier, une enquête méthodique sur *la Progression des grèves en France et sa valeur symptomatique.* Que ces deux recherches indépendantes convergent, à propos de la question qui nous occupe, vers des conclusions générales analogues, c'est un fait digne de remarque.

Si l'on s'en fiait aux impressions des patrons intéressés, il n'y aurait pas besoin de chercher midi à quatorze heures. « Les grèves du Pas-de-Calais, déclarait la Compagnie des mines de Béthune, ont toujours eu des causes étrangères à la situation économique des ouvriers, elles doivent être attribuées plutôt aux menées d'agents révolutionnaires. » A Anzin, même refrain : « La cause initiale (de la grève de 1884) fut celle de presque toutes les grèves, c'est-à-dire la politique. » Ce sont ces affirmations que M. Simiand conteste, chiffres en main. Il montre que ce qui détermine le mouvement des grèves ce ne sont pas seulement ni surtout des poussées politiques, mais des phénomènes de pression et d'attraction économiques. C'est le Prix, ici, qui mène tout le reste. Entendez : le prix de vente des tonnes de charbon. Baisse-t-il ? Les patrons s'ingénient à diminuer le coût relatif de la main-d'œuvre. Ils s'efforcent par divers moyens de rendre le travail plus productif, et finalement de le payer moins cher. Résistance des ouvriers : la grève est proche. Mais le nuage se forme aussi aux périodes de hausse. Du bénéfice accru les ouvriers réclament impérieusement une part plus large. Et comme à ce moment la résistance patronale faiblit, c'est à ce moment aussi que les grèves, le plus souvent, réussissent.

D'une manière plus générale d'ailleurs, — si l'on considère le mouvement des grèves non plus d'une seule industrie, mais de l'ensemble des industries, et dans plusieurs

pays à la fois — on s'aperçoit que la grève
est le fruit naturel, et toujours renaissant,
de la prospérité économique. C'est ce que
M. Ch. Rist prouve en rapprochant la courbe
des grèves de la courbe des exportations, tant
en France qu'en Italie et en Allemagne.
Abstraction faite de quelques écarts excep-
tionnels, et explicables, le parallélisme est
frappant. Lorsque le taux des exportations
s'élève, on voit bientôt grossir aussi le
nombre des grèves. C'est comme une cloche
qui sonne à coups répétés : elle avertit la
nation que, devant le flot montant de sa richesse, l'impatience des prolétaires redouble.

Rapprochez d'ailleurs de la courbe des
grèves non plus celle des exportations, mais
là où la chose est possible, celle du chômage : vous obtiendrez une autre preuve du
rapport qui unit à la prospérité industrielle
la résistance ouvrière. Quand le travail
« donne », quand l'employeur fait effort pour
allonger les journées et embaucher le plus
de monde possible, les ouvriers, sentant leur
force, accroissent leurs exigences. Ils les font
taire au contraire quand ils sentent que le
patron n'a qu'une idée : diminuer les heures
de travail et réduire son personnel. Ainsi,
de toutes façons, ce seraient bien des flux
et reflux économiques, non des coups de
vent politiques, qui détermineraient le mou-

vement des masses ouvrières. Des syndicats bien organisés pourraient sans doute seconder utilement ce mouvement instinctif, le régulariser, le mieux adapter aux conjonctures mieux prévues : ils seraient incapables de le susciter d'eux-mêmes. _

Est-ce donc à dire que les grèves sont fatales ? Faut-il donc croire que toujours et partout on les verra se multiplier dès que l'industrie montrera un regain de prospérité ? Pour que les ouvriers en prennent leur part croissante, n'est-il donc pas possible de trouver des procédés moins barbares ?

L'exemple de l'Angleterre nous apporte la réponse. Pendant qu'en France comme en Italie et en Allemagne la courbe des grèves monte, d'une manière générale, avec celle des exportations, les exportations peuvent croître, en Angleterre, sans que se multiplient les grèves. Allons-nous en conclure que les ouvriers anglais ne réclament pas, ne prennent pas leur part des profits de l'industrie nationale ? Nullement. Leurs méthodes seulement sont plus perfectionnées. Le débat, ici du moins, est en train de se substituer au combat. Les « bureaux de conciliation » fonctionnent. Depuis 1890 ils sont installés dans presque toutes les grandes industries, — dans les Mines, dans la Métallurgie, dans le Textile. En vertu des contrats collectifs institués depuis longtemps dans le Textile par exemple, aucune grève ne pourra être déclarée sans que les réclamations aient d'abord été examinées en dernier ressort par quatre représentants de la fédération patronale et quatre représentants de la fédération ouvrière. « Pour plus de la moitié des ouvriers dont les salaires ont été modifiés, nous dit la *Labour Gazette*, les changements ont été effectués par des méthodes de ce genre. »

Méthodes économiques à tous points de vue. Elles épargnent au prolétariat anglais, en même temps que les convulsions dangereuses, les souffrances inutiles. Elles lui permettent d'élever son niveau de vie, tant matériel qu'intellectuel, sans qu'il ait besoin de bousculer pour autant le cours de la vie nationale. Elles sont vraiment des méthodes civilisées. Une nation qui veut progresser méthodiquement dans et par la démocratie se devrait à elle-même de les généraliser au plus vite.

Malheureusement, chez nous tout au moins, cette « civilisation » ne paraît pas du goût de la Confédération du Travail. Gare à la Paix sociale ! crie-t-elle, et là-dessus elle jette feu et flammes. Et cela fait tant d'impression sur les meilleurs des socialistes qu'ils en restent bouche cousue. Du contrat collectif, de l'arbitrage obligatoire, qu'un bon nombre d'entre eux prônaient naguère, plus un mot. Ils auraient eu cependant, sur ce point, plus d'une besogne utile à faire, de concert avec les radicaux socialistes.

Mais il paraît qu'il est plus indispensable qu'on se batte dès la rentrée, à propos de lettres et d'affiches, sur le dos de cette même Confédération... Laissons donc passer l'orage, et attendons, pour faire œuvre enfin d'organisation positive, des jours plus sereins.

FÉMINISME SYNDICAL [1]

Blaguons les suffragettes. Invoquons ces lois de la nature que la citoyenne Pelletier nie superbement. C'est très humain. C'est très mâle, pourrait-on dire. Et enfin c'est très français.

N'empêche que nous serons bien obligés de le reconnaître un jour ou l'autre : ce féminisme politique s'explique assez naturellement, par la situation économique où trop de femmes se trouvent aujourd'hui placées, envers et contre la nature.

Je sais quels arguments bizarres on met parfois au service du féminisme. « Q'est-ce que la femme par opposition à l'homme? s'écriait à Limoges la citoyenne Pelletier. C'est une entité qui n'existe pas... Ah! je croyais que la philosophie avait supprimé Dieu? Si c'est pour mettre la Nature à sa place, ce n'était pas la peine! Non, citoyens,

---

1. *Dépêche* du 7 janvier 1907.

il n'y a pas de lois de la nature, etc. » Et le docteur Boyer d'ajouter gravement : « Il y a, nous le savons tous, une différence entre la femme et l'homme. Ce n'est pas le sexe. C'est la grossesse. Or, la maternité ne sera libre que quand la femme pourra faire des lois. Car, alors, elle pourra faire nourrir, en cas de nécessité, par la société, les enfants que l'homme lui aura faits. »

Laissons à leurs hautes fantaisies de métaphysique ou de morale le charitable docteur et l'audacieuse citoyenne. Pour l'instant, c'est le fait économique qui nous importe. Ce sont ses conséquences normales qu'il faut peser.

La place de la femme est au foyer, répétons-nous. Ange du ménage, archange du ravaudage, fée de la cuisine, à elle toutes les besognes de l'intérieur. Mais que l'homme, et l'homme seul, rapporte du dehors de quoi faire bouillir la marmite.

Soit. C'est l'idéal sans doute. Mais rendons-nous bien compte que ce n'est qu'un idéal. En fait, un nombre immense, un nombre croissant de femmes sont obligées de gagner leur vie. Pour faire bouillir la marmite, les isolées — qui sont légion — ne peuvent compter, en fait, que sur leur salaire. Veuve ou vieille fille, quel moyen honnête reste-t-il à la femme de ne pas mourir de faim, sinon de travailler en homme?

Mais elle aura beau travailler comme un homme, et plus qu'un homme, elle ne gagnera pas un salaire d'homme. La force de la coutume, plus lourde encore que les charges de la nature, pèse sur la situation de la femme pour la maintenir au plus bas. Comment remonterons-nous cette pente? Comment obtiendrons-nous, pour notre faiblesse lancée dans les champs clos du travail, les nécessaires boucliers? Qui sait si la force publique ne nous permettrait pas de réagir par les lois contre les injustices de la coutume? L'expérience prouve que pour se faire bien entendre des législateurs, il faut avoir « des voix »... Tel est le chemin d'idées qui conduit au monôme des suffragettes.

Que ce féminisme politique soit le plus sûr moyen de relever la condition économique de la femme, c'est ce qui est douteux. Ce qui n'est pas douteux, en tout cas, c'est que ce moyen n'est pas près d'être essayé. Tant que les questions religieuses — et aussi les questions militaires — tiendront la place qu'elles tiennent dans la vie politique en France, l'opinion priera les suffragettes de repasser. La poire, citoyennes, n'est pas mûre...

Mais en attendant? En attendant, les femmes ne pourraient-elles pas user, plus qu'elles le font, des instruments légaux que même « la loi de l'homme » leur met dans la main? Si elles savaient utiliser le syndicat, n'est-il pas vraisemblable que, déjà, elles éléveraient sensiblement leur niveau de vie? Il y a longtemps que Jaurès l'a répété : « Ce ne sont pas les moyens d'action qui manquent au prolétariat. C'est le prolétariat qui manque aux moyens d'action. » Cela est vrai par-dessus tout du prolétariat féminin. Celui qui est au plus bas repousse le plus dédaigneusement l'échelle.

Et pourtant, combien il serait urgent d'agir ! Les réalités locales se chargent de nous le rappeler. J'ai sous les yeux une thèse récemment soutenue à la Faculté de droit de Toulouse, par Mᵉ R. Espinasse, avocat. C'est une étude d'économie sociale sur *l'Ouvrière de l'aiguille à Toulouse*. Etude volontairement très simple, sèche et sobre comme une série d'observations cliniques. Mais combien cette simplicité est dramatique ! Quels tableaux lamentables évoquent les chiffres recueillis par l'enquêteur !

Bien rares sont dans la grande ville les ouvrières de l'aiguille dont le salaire monte, en une année, à un millier de francs. Il s'en trouve chez les brodeuses sur soie — des privilégiées, des quasi-artistes. Les piqueuses de bottines, encore, et les fabricantes de casquettes peuvent gagner annuellement de 700 à 800 francs. Mais pour les couturières proprement dites, pour les corsetières, pour les lingères, le niveau du salaire annuel s'établit entre 400 et 200 francs.

Et cela, quand la valeur « réelle » du salaire diminue, quand le coût de la vie augmente. L'enquêteur analyse et compare des budgets d'ouvrières. Il met toutes les dépenses au plus bas. Il conclut que sans un minimum de 700 francs, une femme ne peut décemment vivre aujourd'hui à Toulouse. Comment donc une ouvrière qui n'a que son travail pour vivre peut-elle combler la différence? Hélas! suivez du regard la marche de ces malheureuses. Bientôt, vous les verrez tomber. Deux grandes pourvoyeuses les guettent, celle de la mort lente et celle de l'amour vénal : tuberculose et prostitution...

Il va de soi que les ouvrières les plus exposées à l'exploitation sont celles qui travaillent à domicile et à la tâche. C'est là qu'on voit le mieux, par les exemples les plus attristants, ce que perdent les ouvrières à ne pas s'associer, soit pour la vente de leurs produits, soit du moins pour la défense de leurs salaires. Ici, c'est une entrepreneuse qui prélève environ cinquante centimes par jour sur le travail de chacune des lingères qu'elle rassemble. Ailleurs, c'est un marchand qui revend au client 12 francs et 6 francs des broderies payées à la brodeuse 5 et 2 francs.

Ailleurs, c'est un patron qui, s'étant aperçu qu'une giletière exceptionnelle pouvait faire en dix heures dix gilets au lieu de cinq ou six, déclare indécent qu'une femme puisse gagner 4 francs par jour et réduit aussitôt le prix de façon du gilet de 0 fr. 40 à 0 fr. 20.

Tous ces prélèvements s'opèrent avec d'autant plus de facilité que la masse travailleuse n'est, ici, que poussière dispersée. Où chacun travaille chez soi, il est plus facile de faire travailler les uns contre les autres. Et c'est un des méfaits de ce travail à domicile, où les économistes voulaient voir naguère le salut de la famille ouvrière.

A ce *sweating-system*, comment remédier? Il n'est qu'un moyen, ont dit certains réformateurs simplistes : interdire le travail à domicile. Et mettre, n'est-ce pas? un œil de gendarme à chaque lucarne...

En attendant, l'expérience prouve que là où la prohibition serait impuissante, l'association peut quelque chose. Dans des pays où le travail en chambre est largement organisé, on a trouvé moyen pourtant de syndiquer les travailleuses. Leurs représentants établissent, avec les représentants des patrons, un minimum régional de salaire : le tarif imprimé est remis aux ouvrières à domicile. Et ainsi le patronat ne peut profiter, pour les amener à se faire concurrence, de l'isolement même où elles vivent. Pourquoi ce qui a réussi en Australie ne réussirait-il pas en France?

Il importe seulement que l'ouvrière lève les yeux au-dessus de sa tâche journalière, non pour perdre son regard dans les nuages, mais pour mesurer, sur la terre, les progrès immédiatement réalisables par l'association. Le féminisme politique est encore, jusqu'à nouvel ordre, une billevesée? Mais le féminisme syndical peut être, dès demain, — si tant de femmes qui souffrent solitairement savent vouloir solidairement, — une réalité efficace.

MÉTHODE ANGLAISE[1]

Après Mannheim, Amiens. Après Amiens, Belfast. La série noire continue. Une fois de plus, le collectivisme est, par le syndicalisme, invité à repasser. Les lauriers de notre Fédération du Textile empêchaient de dormir, à ce qu'il paraît, les « Paper Stainers », l'Union des ouvriers fabricants de papier peint. Ils conçurent l'idée géniale de faire préciser, par le congrès de Belfast, l'objet final du *Labour Party* : « Obtenir pour les ouvriers « la jouissance du produit intégral de leur « travail, renverser le système capitaliste, « établir la propriété collective de tous les « moyens de production. » Cette simple formule a effrayé le congrès. Par 835.000 voix contre 98.900, il a enterré la motion : trop « socialiste » pour l'instant, avoua Keir Hardie lui-même. Ainsi, en Angleterre comme en France, en France comme en Allemagne,

____

1. *Dépêche* du 19 février 1907.

la « classe ouvrière organisée » refuse de se laisser escamoter dans la redingote du prestidigitateur collectiviste. L'unanimité est cinglante.

A vrai dire, selon les pays, les attitudes des syndicats vis-à-vis du Parti sont très différentes. En France, la Confédération du Travail, parce qu'elle s'agite, donne l'impression qu'elle mène. Elle se fait gloire d'être au delà, en avant du socialisme. Sous les coups de fouet qu'elle lui administre, celui-ci fait des bonds pour « rattraper » comme il peut. En Allemagne, au contraire, c'est encore lui qui fait l'entraîneur. Et lorsqu'il tire, si doucement que ce soit, du côté de la grève générale, la masse des syndiqués — exception faite pour l'infime minorité « localiste » — renâcle avec ensemble. En Angleterre, le Parti n'est ni en avant ni en arrière des Syndicats : par la bonne raison, pourrait-on dire, qu'il est dedans. Le *Labour Party* n'est qu'une émanation directe des *Trade-Unions*.

Pendant longtemps — on le sait — celles-ci se défiaient de l'action politique. Elles croyaient pouvoir s'en passer. Mais pour défendre l'ouvrier dans l'usine, il faut bien, un jour ou l'autre, entrer dans l'usine-aux-lois. C'est ce que l'expérience a appris aux *Trade-Unions*. En particulier, lorsqu'elles ont été frappées à la caisse, par une jurisprudence qui les rend responsables, par exemple, des dommages causés en temps de grève, elles ont compris que la cuisine électorale n'est pas si méprisable. Donc elles s'y sont mises avec méthode. Et de là, aux élections dernières, le grand nombre de représentants de la classe ouvrière envoyés à la Chambre des communes.

Ces représentants sont et restent, au Parlement, des délégués des *Trade-Unions*. Ce sont elles qui les ont subventionnés, candidats. Ce sont elles qui les paient, députés. Et le soin de défendre leurs intérêts dans les assemblées politiques, elles ne l'auraient pas volontiers confié à d'autres qu'à ceux dont elles ont éprouvé, dans leurs assemblées syndicales, les capacités professionnelles. Ce n'est pas au *Labour Party* que Lagardelle pourrait reprocher d'être pourri de bourgeois. Tous ses membres, à une ou deux exceptions près, ont manié l'outil ou dirigé la machine. Plusieurs ne sont autres que les « fonctionnaires » des unions : la Fédération des mécaniciens, celle des employés de chemins de fer, la Société des typographes de Londres ont ainsi transformé, tout naturellement, leurs secrétaires en députés.

Un parti ainsi composé est donc, à la différence de plusieurs autres « sections » de l'Internationale, vraiment ouvrier. — Donc,

auriez-vous dit peut-être, plus révolutionnaire que les autres, plus impatient de l'ordre
actuel, plus confiant dans le plan socialiste?
C'est le contraire qui est arrivé. Comment
s'expliquer ce phénomène?

On accusera le tempérament anglais. Son
individualisme, répétera-t-on, répugne au
socialisme. Il se fie aux initiatives personnelles. Il se défie des interventions de la collectivité. Pour être classique, l'antithèse n'est
pas plus exacte. Dans beaucoup de cas, la
liberté des individus ne peut être efficacement
sauvegardée que par la contrainte de la collectivité. L'expérience le prouve tous les
jours. Et il y a beau temps que les Anglais
ont compris cette leçon de l'expérience. Récemment, lorsqu'il s'est agi de l'organisation
des cantines scolaires, c'est à peine si l'on a
osé, au nom des principes libéraux, élever
une timide protestation. La nation la plus
individualiste a déjà prouvé sur plus d'un
point qu'elle sait se plier, plus vite que les
autres, aux nécessités de l'interventionnisme.

Ce qui est vrai, c'est que l'Anglais reste
toujours un empiriste. Il croit l'homme
capable d'adapter, incapable de créer. Il travaille à réctifier, sur un point puis sur un
autre, la réalité donnée, mais il se refuse
énergiquement, pour voir si l'on pourra faire
mieux, à la détruire. Il veut bien réajuster,

non refondre, non renvoyer à la fournaise. Et devant les systèmes qui reconstruisent la société en un tour de main, sa défiance s'éveille plutôt que son enthousiasme.

Fils du trade-unionisme, le parti anglais du travail ne devait-il pas garder, vis-à-vis du système collectiviste, quelque chose de cette défiance ? Plus que tous les autres, des secrétaires de fédérations, ayant ouvré eux-mêmes, au courant du mouvement des affaires comme de la vie du travailleur, habitués à discuter avec les patrons aussi bien qu'avec les camarades, devaient être gens pratiques et plus soucieux des rectifications immédiates que des reconstructions problématiques.

« J'espère, disait l'un d'entre eux à un reporter qui lui demandait son programme, que nous allons fermer la bouche aux bavards et aborder les questions pratiques. » M. Paul Mantoux, dans la *Revue de Paris*, relève dix déclarations analogues, faites au lendemain des élections, et qui prouvent combien le grand plan collectiviste est loin de l'esprit des trade-unionistes élus. Celui-ci annonce modestement qu'il « cherchera surtout à faire quelque chose pour la classe à laquelle il appartient, celle des garçons de boutique ». Un autre demande pour l'ouvrier « des maisons mieux bâties, de la nourriture à meilleur marché, des conditions d'existence plus saines et plus gaies ». M. Keir Hardie se bornait à dire qu'il veut « assurer à tout enfant la faculté de développer ses plus hautes qualités physiques, intellectuelles et morales ».

Manque d'audace idéaliste, s'écrieront nos prophètes : l'Angleterre le paiera un jour ou l'autre. Parce que son esprit, même dans la classe des exploités, reste terre à terre, elle rampera à la queue des nations socialisées...

Nous verrons bien. Gardons-nous de prophétiser à notre tour. Avouons toutefois que nous serions bien étonnés si dans quelques lustres nos syndicalistes-socialistes-révolutionnaires, tant dédaigneux de la « méthode anglaise », ne s'entendaient pas redire, par leurs camarades d'outre-Manche, l'apologue du lièvre et de la tortue.

SYNDICALISTES ALLEMANDS[1]

Un congrès vient de se tenir à Hambourg, autour duquel notre presse socialiste n'a pas mené grand bruit. C'est le congrès des syndicats ouvriers allemands.

On sait quelle force représente cette organisation. A la fin de l'exercice 1907, disait M. Legien dans le magnifique hôtel qui est la propriété des syndicats hambourgeois, elle comptait près de deux millions d'adhérents, avec une recette de plus de cinquante et un millions de marks et une encaisse de plus de trente-trois millions. Elle a distribué environ dix-sept millions de marks en secours de grève ou de lock-out, douze millions en secours de maladie ou de chômage.

Un véritable ministère gère ce budget : c'est la Commission générale des syndicats, composée de onze membres. Elle n'est pas seulement chargée de la propagande ; elle a

---

1. *Dépêche* du 5 juillet 1908.

la haute direction des conflits entre syndiqués et patrons. Statistiques en main, renseignée sur l'état du marché industriel comme sur les besoins de la classe ouvrière, elle décide au bon moment la guerre ou la paix. Elle fait manœuvrer en toute connaissance de cause cette immense armée.

Quel superbe dédain ce grand organisme centralisé inspire à nos syndicalistes révolutionnaires, on le sait aussi. Ces gros frères allemands, pensent-ils, sont trop bien nourris. Leurs cotisations les alourdissent. Ils sont trop riches et par là même trop patients. Trop de calculs, dans ces hôtels magnifiques, et pas assez de ces impulsions qui font bondir tout un peuple. Et c'est pourquoi, concluent-ils, tandis que chez nous le syndicalisme force les socialistes à aller de l'avant, en Allemagne elle les tire en arrière. Aiguillon en deçà du Rhin, frein au delà !

Le récent congrès de Hambourg n'est point fait sans doute pour modifier cette opinion. On y a parlé politique aussi peu que possible. On n'y a pas risqué la moindre allusion, semble-t-il, aux questions que Griffuelhes et compagnie prétendaient imposer aux méditations du syndicalisme international : grève générale et antipatriotisme. On y a presque lâché la manifestation du premier mai, en déclarant que les syndicats qui jugeraient bon de chômer ce jour-là le feraient désormais à leurs frais, sans l'appui de la caisse centrale. On a laissé la bride sur le cou aux coopératives, pour qu'elles puissent, en organisant le travail chez elles à leur manière, soutenir la concurrence. On s'y est montré enfin aussi opportuniste, aussi réaliste qu'on peut le rêver. « Nous ne vivons pas dans les nuages ! s'est écrié un délégué, et c'est sur la terre, avec ses réalités, que nos pieds reposent. » Ç'a été comme le *leitmotiv* du congrès.

Les révolutionnaires s'affligent de cet état d'esprit. Est-ce à dire qu'il doive réjouir nos conservateurs sociaux, ceux qui ne veulent pas qu'on touche à l'ordre économique actuel? Quelques-uns me paraissent se forger, à ce propos, des illusions touchantes. Ils paraissent croire encore qu'un congrès qui fait peu de bruit fait peu de besogne. On n'a pas tiré, à Hambourg, de ces coups de pistolet qui font la joie des Hervé. Mais on y a donné, peut-être, de ces coups de pioche qui ne font pas la joie des Schneider et des Krupp.

Le correspondant du *Temps* conclut avec lyrisme qu'il y a dans ces puissantes organisations syndicales une admirable « force de gouvernement » . Peut-être. Mais pas dans le sens où l'entendent ceux qui se font d'ordinaire défendre par le *Temps*. Cette force de gouvernement pourrait forcer à gouverner, de plus en plus, contre le privilège. Elle pourrait bien limiter de plus en plus, par le poids de la démocratie industrielle, l'absolutisme capitaliste.

Qu'on relise seulement le programme de législation sociale développé devant le congrès par M. Molkenbuhr. Création d'une base légale pour les contrats collectifs de travail, force obligatoire assurée aux mesures de défense ouvrière instituées par les syndicats, relèvement des indemnités de maladie ou d'invalidité, extension de l'assurance à la veuve et à l'orphelin, etc. Cet ensemble de mesures ne saurait passer à l'acte sans un remaniement complet de la carte des classes. Il y faudrait, à vrai dire, une perpétuelle « intrusion » non seulement de la démocratie dans l'ordre politique, mais des syndicats dans l'ordre économique. Il y faudrait une croissante participation du prolétariat lui-même au gouvernement de l'industrie.

Perspectives peu rassurantes pour ceux qui répètent avec obstination : « L'industriel est maître chez lui », et qui restent persuadés qu'en dehors de ce *credo* il n'y a plus de salut

Qu'ils se couvrent donc la tête de leur manteau : le vent souffle contre eux. Le mouvement démocratique, ici, fait la force du mouvement syndical. On n'empêchera plus les masses d'ouvriers-citoyens d'exercer, sur les mécanismes mêmes d'où leur vie dépend, leur droit de contrôle.

Tout ce qu'on peut souhaiter, c'est qu'ils comprennent de mieux en mieux ces mécanismes, afin que, le jour où ils en seront les maîtres, ils puissent les rectifier sans les briser et, par suite, sans se blesser eux-mêmes. C'est pourquoi tout progrès de *l'organisation* syndicale doit réjouir quiconque est réformiste. Elle seule est capable de donner aux prolétaires, avec une connaissance de plus en plus étendue des répercussions économiques, un sentiment plus net de leur responsabilité. Elle seule peut substituer, à l'impulsivité destructive, la capacité directrice.

Pour qu'elle fasse tourner la roue du moulin, il importe que la force de l'eau soit d'abord canalisée. Les syndicalistes allemands, après les anglais, l'ont compris. Puissent bientôt — pour eux comme pour nous — les syndicalistes français le comprendre à leur tour : trop souvent encore, dans leurs rêves, passe l'image obsédante du torrent dévastateur.

CHANGEMENT DE TON[1] ?

La C. G. T. deviendrait-elle, elle aussi, opportuniste ?

L'approche du premier mai commence à se faire sentir. Si les arbres ne se couvrent pas encore de feuilles, les murs se couvrent d'affiches. On « prépare » l'opinion...

Mais, jusqu'ici, on la prépare avec douceur. On ne jette pas, cette année, feu et flammes. Le Manifeste de la Commission Confédérale se termine ainsi : « Au premier mai, il faut que nous enregistrions des améliorations nous acheminant vers la journée de huit heures. » *Améliorations, acheminements,* on ne saurait mieux définir la méthode des petits profits : c'est la théorie des conquêtes partielles, et de l'investissement progressif. Sauf respect, on dirait du Keufer.

Il semble bien que ce changement de ton réponde à un plan concerté. Tout le monde

---

1. *Dépêche* du 5 avril 1908.

a remarqué la tactique nouvelle des antimilitaristes, devant le jury de la Seine. Pas une vitre cassée, cette fois, pas un coup de trompette, pas une rodomontade sensationnelle. La consigne était de rassurer. Et une fois l'acquittement obtenu, on eut le triomphe modeste. On fit des réflexions pleines de sagesse.

Le verdict nous aidera sans doute, déclara le citoyen Griffuelhes, à remonter un courant d'opinion qui se formait contre nous. Il nous défendra, devant la majorité des ouvriers, contre l'effet produit par certaines » exagérations de langage », qui empêchaient les adhésions.

Le citoyen Griffuelhes ajoutait : « Pour « nous-mêmes, le procès aura peut-être son « utilité. Il en est encore parmi nous qui se « laissent trop volontiers aller aux violences « superflues et pour qui l'énergie créatrice se « résume dans la verdeur des mots. Ceux-là « réfléchiront, et notre action ne fera que « gagner en intensité s'ils gagnent en pru- « dence. C'est là peut-être un langage qui « vous étonne dans ma bouche, et je n'ignore « pas que je m'expose en le tenant à la cri- « tique sévère de quelques braillards. Il en « est qui se plaisent à parler de l'oppor- « tunisme croissant de la C. G. T. Peu « m'importe ! J'ai suffisamment de courage

« pour braver même cette démagogie-là. »

La *Revue syndicaliste* — qui défend patiemment le syndicalisme réformiste — n'a pas tort, en relevant ces aveux et ces promesses, de marquer un point de gagné. Voilà donc Griffuelhes, à son tour, qui coupe son panache! Le voilà qui dénonce, lui aussi, les « braillards » de son extrême gauche! Le voilà qui proteste contre un syndicalisme « démagogique »! Un révolutionnaire trouve toujours un plus révolutionnaire, qui le rend opportuniste...

Sérieusement, il faut se réjouir de ces symptômes. Ils permettent d'espérer que, dans le royaume de la C. G. T. aussi, le règne de la phrase touche à sa fin. Et ce sera tout bénéfice pour tout le monde.

Il n'est que trop vrai : les exagérations de langage auxquelles Griffuelhes fait allusion produisent, sur le plus grand nombre des ouvriers, et sur les ouvriers les plus sérieux, un effet plutôt réfrigérant. Nous l'avons noté bien des fois. Il est heureux que la Commission Confédérale s'en rende clairement compte aujourd'hui. Sous prétexte de fermer la porte à la politique, les complaisances qu'elle montrait pour la politique anarchiste détournaient la majorité des travailleurs du chemin des Bourses. Et ainsi la Confédération, au lieu de représenter la masse des prolétaires organisés, tendait à devenir la propriété d'une minorité bruyante. Et c'était, pour quiconque espère en l'avenir de la « démocratie industrielle », un premier résultat très fâcheux.

Un autre résultat n'était pas moins regrettable. Dépenser le plus clair de son énergie créatrice à nier systématiquement la patrie, la loi, la République, ce n'était pas seulement décourager à plaisir les bonnes volontés, c'était servir à souhait les mauvaises volontés. On froissait les républicains sincères, et on faisait la joie des autres. On leur fournissait à point nommé tous les prétextes voulus pour faire machine en arrière.

Ainsi s'explique le très fort courant d'opinion qui s'est formé, au Parlement, contre la C. G. T. On se rappelle que l'an dernier il ne manquait pas de gens, même parmi les républicains, pour demander à cor et à cris, ou — pis encore — pour demander tout bas qu'on jetât aux quatre vents les cendres de ce foyer d'anarchie. On se rappelle aussi que Clemenceau, le jour où la question fut portée à la tribune, fit front. « Messieurs les radicaux, je vous attends. » Le Ministère, au nom des principes républicains, demandait qu'on fît crédit aux libertés syndicales. Il refusait catégoriquement de dissoudre la Confédération.

Depuis, ce que le gouvernement refusait en bloc, ce jour-là, il a pu sembler qu'il était disposé à l'accorder en détail. Son énergie créatrice à lui s'est dépensée en besognes de répression. Il a multiplié les poursuites. Il a serré la vis. Non de gaieté de cœur, sans doute. Il faut croire qu'il ne pouvait faire autrement. N'en déplaise à M. Sembat et à sa théorie commode de « l'amnésie gouvernementale », c'est chose bien difficile, en ces matières, de répartir les responsabilités.

Ce qu'il y a de sûr du moins, c'est que les syndicalistes révolutionnaires ont fait tout ce qu'ils ont pu pour attirer la foudre. Ils ont joué, si l'on peut dire, à se faire coffrer. Ils ont multiplié les bravades pour déclancher la répression. C'est en ce sens qu'ils sont responsables, pour leur part, de la bataille engagée entre les représentants de la démocratie et les délégués du prolétariat.

Pénible guerre, et où les succès sont tristes comme des défaites. On dit qu'elle fait durer les Ministères. Mais elle pourrait bien, à la longue, faire périr les Républiques.

Si le changement de ton de la C. G. T. doit permettre à l'État d'économiser les mesures de répression, tant mieux : ce sera autant de gagné pour le progrès de la politique sociale. L'antagonisme entre la Démocratie et le Syndicalisme peut réjouir les philosophes du *mouvement socialiste*, grands amateurs d'antithèses. Dans la réalité, sans la collaboration de ces deux grandes forces on ne saurait, à l'heure actuelle, rien créer de viable.

SYNDICALISME PATRONAL[1]

Lock-out : la décision des entrepreneurs de maçonnerie a éclaté dans le ciel printanier comme un coup de tonnerre. On en avait tant parlé qu'on finissait par ne plus y croire. On en est d'autant plus surpris, pourrait-on dire, qu'on y était plus préparé.

Et jusqu'ici, heureusement, l'orage ne suit pas l'éclair. Au moment où j'écris, les badauds interrogent vainement la rue, pour voir venir les grands mouvements redoutés ou escomptés. Quelques escouades de sergents de ville, aux carrefours, attendent philosophiquement les événements. Puissent-ils ne pas tourner bientôt au tragique...

En attendant, et quelle que doive être l'issue de ce douloureux conflit, il aura attiré l'attention publique sur un fait nouveau, et mal connu, de notre histoire industrielle : il aura révélé à l'opinion les progrès de l'organisation défensive du patronat.

Progrès très lents sans doute : les néces-

---

1. *Dépêche* du 12 avril 1908.

sités de la concurrence entre employeurs parlent plus haut, sur bien des points, que le sentiment de leur solidarité. M. Vuillemin est loin d'avoir obtenu, sur un signe napoléonien, la fermeture de tous les chantiers de Paris. Et pourtant, la Chambre syndicale des entrepreneurs de maçonnerie compte parmi les plus anciens, les plus puissants, les mieux outillés des groupements patronaux. La plupart des autres, auprès de ceux-ci, sont encore dans l'enfance. Et c'est pourquoi les chroniqueurs vont un peu vite lorsqu'ils annoncent à son de trompe qu'une Confédération générale du patronat va se dresser, antithèse grandiose, en face de la Confédération générale du travail.

Il n'en est pas moins vrai que l'élan est donné. Les appels se multiplient. Les efforts se concertent. Jaurès n'avait pas tort, dans son grand discours de février dernier, à propos des patentes, d'attirer l'attention du Parlement sur cette mue de notre industrie. Elle se crée, elle aussi, des organes de coordination. La France, à son tour, commence à avoir ses trusts et ses cartels. Si leur fonctionnement n'est pas toujours visible, les efforts en sont souvent sensibles. Dans la ganterie, par exemple, on a pu signaler des relèvements de prix, qui tiennent vraisemblablement à la collusion des vendeurs.

Et le plus souvent jusqu'ici, c'est contre les consommateurs que les patrons se sont « défendus » par l'association. Mais il n'y a pas à douter qu'ils n'utilisent de plus en plus, contre les ouvriers qu'ils emploient, le même bouclier. Et ainsi peut-être le lock-out sera une menace toujours suspendue. De plus en plus on verra sans doute, en France comme en Angleterre ou en Allemagne, les grèves de patrons suivre ou devancer les grèves d'ouvriers. C'est par ces déclarations de guerre que se manifeste le plus souvent la vitalité naissante de l'organisation patronale.

Qu'il se trouve encore des collectivistes pour se scandaliser et s'indigner, comme d'une chose contre nature, du progrès de cette organisation, c'est assez étrange. Au vrai, les collectivistes devraient être les premiers à s'en réjouir. Oublient-ils donc que, selon leur dogme traditionnel, tout ce qui accroît la concentration capitaliste avance leur heure? A eux surtout, il importe que l'organisme social se soit créé des centres de coordination : ils n'auront plus qu'à mettre la main dessus pour gouverner à leur guise tout l'ensemble de leur production. Sans ce préalable travail du capitalisme, pas de collectivisme qui tienne. Il faut des Motte pour aplanir la route aux Guesde. Il faut que les représentants du patronat aient unifié leurs industries et formé leurs trains pour que les représentants du prolétariat, grimpant sur la machine, en puissent assumer la direction.

Echéances lointaines. Soyons sérieux, diraient les syndicalistes révolutionnaires. Peu nous chaut des prédictions de Marx et des moyens de faire marcher collectivement, demain ou dans cent ans, le mécanisme de la grande industrie. Nous savons, nous, borner notre ambition. Elle se réduit à constituer, au cœur de la classe ouvrière, comme un immense réservoir d'énergies ardentes. On verra bien ce qui en sortira.

De ce point de vue, les théoriciens du syndicalisme pur doivent se congratuler, en effet, en constatant les progrès de l'organisation patronale. Combien de fois n'ont-ils pas gémi sur ce qu'ils appelaient la lâcheté de la bourgeoisie? Elle ne se défend pas, disaient-ils. Elle ne réagit pas. C'est une pitié. Avec des adversaires aussi veules, on ne peut pas engager de ces belles batailles qui réchauffent les enthousiasmes et qui sont, pour la conscience de classe, comme le baptême du feu. Mais que des coalitions d'employeurs se constituent, qu'elles dressent leur unité nouvelle en face de la foule ouvrière, qu'elles lui déclarent la guerre elle-même, à la bonne heure! On va donc se mesurer. Le progrès du syndicalisme patronal, c'est autant de perdu pour la politique amollissante de la Paix sociale : autant de gagné pour la Violence régénératrice.

Nobles Espérances, mais bientôt déjouées — il est permis de l'espérer. Sur ce point encore, l'expérience des pays plus avancés que nous, en matière d'organisation industrielle, ouvre des perspectives rassurantes. En fait, les coalitions de patrons n'ont pas toujours eu pour résultat, et surtout elles n'ont pas, le plus souvent, pour résultat durable d'exaspérer les conflits entre ouvriers et patrons. Bien plutôt, il arrive que la seule mise en présence des deux armées permette d'économiser bien des batailles. Elles mesurent, en effet, leurs forces, mais sans éprouver le besoin de les entre-heurter. Les délégués des deux parties sont plus capables de prévoir ensemble, en tenant compte de l'état du marché, les répercussions des mesures réclamées par l'une et l'autre. On se bat moins en aveugles. Mais on discute davantage, chiffres en main. Et c'est sur ce terrain que s'élaborent le plus facilement les conventions collectives, obligatoires pour les patrons et les ouvriers de toute une branche d'industrie.

Ajoutons que c'est alors — lorsque patrons et ouvriers sont « organisés » les uns et les autres — qu'il est le plus facile au pouvoir central d'intervenir et de faire accepter des uns et des autres, dans l'intérêt supérieur de la collectivité tout entière, un nombre croissant de règles uniformes.

C'est dire que — sans être le moins du monde collectiviste, ou syndicaliste révolutionnaire, et en se tenant au plus modeste réformisme — on peut penser que le développement du syndicalisme patronal marque au total un progrès. Il est un instrument nécessaire pour l'élaboration de ces espèces de traités d'arbitrage industriel que sont les conventions collectives, et dont les nations modernes — industrielles et démocratiques — ne sauraient plus longtemps se passer.

TRAITÉS DE TRAVAIL [1]

———

Les hommes politiques ne perdraient pas toujours leur temps, à venir faire un tour à la Sorbonne. La thèse que M. Albert Métin y soutenait l'autre jour — fort brillamment — mérite d'attirer l'attention des députés aussi bien que des diplomates.

Il s'agit des *Traités de prévoyance et de Travail* récemment conclus entre nations industrielles.

Avant d'être chef du cabinet de M. Viviani, M. Albert Métin a été l'un des boursiers de voyage de la fondation Kahn. Il a fait « trois fois le tour du monde », ou à peu près, comme dans la chanson. Il a guidé une équipe d'ouvriers français dans un pèlerinage aux Etats-Unis. Il a étudié le socialisme, avec ou sans doctrine, de l'Angleterre à l'Australie. Il était donc mieux préparé et mieux placé que personne pour envisager,

———

1. *Dépêche* du 31 mars 1908.

sous leur aspect international, les questions sociales.

Et de fait, les institutions sur lesquelles il nous documente — pour modestes que soient leurs commencements — compteront sans doute parmi les inventions les plus importantes du début du xxᵉ siècle. Ce sont, d'une nation à l'autre, autant d'arches jetées. Grâce à elles peut-être, grâce aux constructions nouvelles d'une diplomatie enfin démocratique, la marche des réformes sociales ne sera plus arrêtée, comme elle l'est, à chaque instant.

Quelle est la plus sérieuse objection où l'on se heurte, lorsqu'on veut avancer? — Vous voulez, nous dit-on, pour « protéger » les ouvriers, installer tout un réseau de garanties et d'assurances sociales. Prenez garde, par ce même réseau, de paralyser notre industrie nationale. A sa vitalité pourtant, la vitalité même de la classe ouvrière est liée. Or une réduction du temps de travail diminue notre rendement, des versements obligatoires augmentent nos charges. Nous allons donc nous trouver, dans la course des nations industrielles, handicapés fâcheusement. Les obligations de la solidarité sociale vont nous mettre, pour la concurrence internationale, en état d'infériorité.

On connaît l'argument. Des fédérations de

commerçants le ressassaient encore, l'autre semaine, aux oreilles de M. Millerand. Il n'est pas sans réplique, sans doute. Mais il contient une bonne part de vérité. C'est le plus bel atout du jeu de l'antiréformisme.

Le meilleur moyen de faire tomber cet argument n'est-il pas en effet de « rétablir l'égalité » entre nations industrielles, non pas aux dépens, mais au profit des ouvriers, en dressant, partout où la grande industrie s'installe, les mêmes filets protecteurs?

L'idée, à vrai dire, est vieille comme le monde de la grande industrie, ou presque. N'était-ce pas elle qui animait Robert Owen, lorsqu'il présentait, en 1818, aux diplomates d'Aix-la-Chapelle, un projet interventionniste? Daniel Legrand, de 1844 à 1857, poursuivit de pétitions analogues les députés de tous les pays...

Mais il faut arriver jusqu'à la fin du xixe siècle pour que l'idée descende dans les faits. En 1900, l'*Association internationale pour la protection légale des travailleurs* reprend et développe le programme sur lequel s'accordaient, aux congrès de Zurich et de Bruxelles, un certain nombre de catholiques sociaux, de solidaristes et de socialistes. Elle rassemble les documents, organise la propagande, éclaire et stimule l'action des gouvernements. Grâce aux efforts heu-

reusement combinés de M. Arthur Fontaine
et de M. Luzzatti, la France et l'Italie
ajoutent, à une convention facilitant le trans-
fert des épargnes, une convention qui assure,
à l'ouvrier blessé hors de son pays, les mêmes
indemnités qu'aux nationaux. Des accords
analogues se nouent entre la France et la
Belgique, entre l'Allemagne et le Luxem-
bourg. Enfin, après les deux conférences de
Berne, une convention internationale réunit
les signatures de sept Etats : ils s'engagent
à prohiber l'usage du phosphore blanc, et à
supprimer, pour les femmes, le travail de
nuit.

Les arches s'élèvent donc. Mais avec quelle
lenteur! Que de cérémonies pour la pose du
moindre moellon! Tantôt c'est au nom de la
Liberté industrielle qu'on proteste : il paraît
que le souci du « laissez-faire » empêchait
encore MM. Yves Guyot et Louis Strauss, en
1897, de voter la création d'un bureau international de statistique du travail. Tantôt c'est
le respect de la Souveraineté politique des
Etats qu'on jette dans la balance : et c'est un
poids que l'Allemagne, ici comme à la Haye,
excelle à manier.

Pour vaincre ces forces d'inertie, ou ces
forces de résistance, que d'efforts conspirants
ne faudrait-il pas! M. Métin regrette à ce
propos, dans sa conclusion, que les partis

socialistes paraissent se désintéresser de plus en plus de ces conférences diplomatiques. « Il semble, ajoute-t-il avec une discrète malice, que l'intransigeance de la démocratie socialiste allemande, combattue par son gouvernement, réduite à l'opposition, soit devenue comme la règle de conduite des partis similaires dans les autres pays. » Dans leur crainte de paraître « participer au pouvoir », les socialistes ne participent plus — comme ils le faisaient encore au congrès de Zurich — à cette œuvre d'organisation internationale.

Et, sans doute, sur ce point particulier, il serait permis d'ergoter. Il n'est pas si sûr que l'effort du socialisme ait été inutile, en fait, à l'œuvre en question. On pourrait dire que ses congrès, plus d'une fois, préparent les voies aux conférences diplomatiques. Il ne s'est pas toujours contenté d'une revendication de principe, générale et absolue, comme les *Trois-Huit*. Il est quelquefois descendu dans des détails pratiques. C'est ainsi qu'à la Haye il élaborait, à propos des problèmes de l'immigration, un système dont les suggestions ne sont pas méprisables. C'est ainsi encore qu'à Paris, en 1900, il proposait, pour l'amélioration du sort des travailleurs maritimes, un ensemble de mesures internationales dont les diplomates de l'avenir pourront utilement s'inspirer.

Quelque chose subsiste pourtant de la remarque de M. Métin ; et il faudrait même la généraliser. Il n'a pas tort de signaler quel danger présente, pour la cause du réformisme international, l'état d'âme actuel de la majorité des socialistes. Ils protestent bien, du bout des lèvres, qu'ils veulent eux aussi ces conquêtes partielles. Mais le cœur n'y est plus. Et le sentiment qu'ils travaillent à propager dans les masses, c'est que tout ce travail, plus ou moins parlementaire, n'est qu'un échange de bonnes paroles, c'est que toutes ces conférences et conventions ne sont que comédies.

Concessions à l'intransigeance révolutionnaire qui ne peuvent que rendre les « collaborations » de plus en plus difficiles. — Et jamais, pourtant, elles ne furent plus nécessaires.

LOGIQUE SOLIDARISTE

CASTES ET CLASSES [1]

Je connais des gens qui se considèrent comme personnellement insultés pour peu que devant eux on parle de classes sociales. M. Viviani, l'autre jour, rappelait pourquoi il serait désirable que les concours pour les fonctions d'inspecteur du travail fussent accessibles aux membres de la classe ouvrière. *Le Temps* n'a pas manqué de relever cette expression avec toute l'aigreur voulue. Ainsi, en 1850, quand des orateurs parlementaires, en traitant du remplacement, avaient l'imprudence de parler des intérêts de classes en présence, la majorité les rappelait à l'ordre. *Classe ouvrière, classe bourgeoise,* qu'est-ce que ces entités, sur lesquelles on bâtit de fâcheuses antithèses? « Il n'y a plus de classes », vous dit-on. C'est le mot d'ordre que répètent avec insistance les privilégiés

---

1. *Dépêche* du 7 décembre 1907.

à chaque fois qu'ils se sentent menacés dans leurs privilèges.

C'est dans ce sentiment, sans doute, qu'il faut chercher le secret de l'admiration que plusieurs bons journaux ont paru éprouver pour une « judicieuse et spirituelle causerie » de M. Aynard. « Qu'est-ce qu'un bourgeois ? » Telle est la question que s'est posée, entre la poire et le fromage, au déjeuner de l'Union du commerce et de l'industrie, l'honorable député de Lyon. Il a consciencieusement cherché. Et, comme par hasard, il n'a pas trouvé. Le bourgeois est un être indéfinissable. En dépit de M. d'Auriac, on ne le reconnaît ni à l'habit, ni aux manières. En tout cas, la bourgeoisie n'est pas une catégorie fermée. Devient bourgeois qui veut. Le bourgeois est aujourd'hui ce qu'il n'était pas hier. En voulez-vous une preuve éclatante? M. Aynard a recherché les origines des mille plus florissantes maisons de commerce de Lyon : « Les neuf dixièmes d'entre elles ont été fondées par le patron actuel, ouvrier, contremaître ou employé de la veille, qui n'était pas un bourgeois hier et qui l'est aujourd'hui, grâce à ses propres forces et au libéralisme de nos lois. »

A merveille. C'est l'histoire classique du bâton de maréchal, caché dans la giberne de tout voltigeur français. L'histoire est toujours bonne à raconter. Et elle se vérifie, en effet, plus d'une fois encore sous nos yeux. Lille et Roubaix vous montreront, comme Lyon, un grand nombre de « capitaines d'industrie », dont les pères étaient simples soldats. Dans les fonctions publiques, les ascensions de ce genre sont plus fréquentes encore. Demandez leurs titres de noblesse aux membres de l'Institut. L'immense majorité d'entre eux est d'origine plébéienne. La plupart sortent, pour reprendre l'expression de Gambetta, des plus basses couches. Ainsi, entre le haut et le bas, dans notre société, il n'y a pas de cloisons étanches. A chaque instant, ces atomes que sont les individus montent d'une région dans l'autre, comme les gouttes d'huile dans la lampe. C'est ce qu'Arsène Dumont nommait la capillarité sociale. En nous rappelant ce phénomène, M. Aynard n'a pas sans doute la prétention de découvrir l'Amérique : il constate tout bonnement que l'Europe ne vit plus, comme l'Inde, sous le régime des castes.

Mais de la classe à la caste, il y a une marge. Où celle-ci est abolie, celle-là peut très bien subsister. Et alors même que le droit n'avoue plus aucune catégorie de citoyens, alors même, comme le rappelait M. Maujan, que personne aujourd'hui ne jouit plus d'aucun privilège politique, la répartition des avantages économiques vaut sans doute qu'on s'y arrête. Qui oserait dire que ces avantages sont aujourd'hui, en règle générale, répartis au prorata des capacités personnelles ? Pour mettre celles-ci en valeur, ne faut-il pas le plus souvent un minimum de capital, ou tout au moins un minimun d'instruction ? Et combien de fois, à des enfants qui iraient loin, ce minimun ne manque-t-il pas au point de départ ? En fait, ceux qui ont réussi à remonter la pente sont souvent encore, parmi les déshérités, des privilégiés. Quelqu'un leur a tendu le piolet et la corde. D'autres ressources que celles de leurs parents les ont tirés de peine. Nombre de « parvenus », au moins parmi ceux de l'intelligence, sont d'ex-boursiers. Mais pour un qui est aidé ainsi, combien d'enfants bien doués restent sans aide ! Sait-on combien la République va chercher de boursiers, pour ses lycées et collèges, parmi les fils d'ouvriers qui se pressent dans les écoles publiques ? A peine trois cents par an, nous apprend M. Steeg. Trois cents sur cette immense population scolaire. C'est un taux misérable. Et devant une proportion pareille, quand nous réclamons plus d'égalité devant l'instruction, c'est une ironie de répéter, pour nous fermer la bouche, qu'il n'y a plus de classes. Vous nous montrez quelques évadés heureux.

C'est très bien. Et nous nous réjouissons de leur évasion. Mais elle nous fait penser à ceux qui restent prisonniers — prisonniers, dès l'enfance, des nécessités économiques.

Au surplus, c'est rétrécir étrangement la question que de la poser ainsi. C'est sur la majorité qui reste en effet, et non seulement sur la minorité qui s'évade, qu'il faut tenir les yeux. C'est le niveau de vie de la masse elle-même qu'il importe de déterminer. Pour cette détermination, les impressions personnelles ne sauraient suffire. Vainement quelque émule de M. Aynard nous citera-t-il une demi-douzaine de ménages ouvriers de sa connaissance qui « vivent bien ». Il faudrait ici procéder par masses en effet et comparer, dans diverses catégories de travailleurs, le taux des salaires au coût de la vie. On verrait alors si tout est pour le mieux dans la plus libérale des civilisations. Diverses enquêtes de ce genre sont menées en ce moment dans toute l'Europe par les soins du Board of Trade, ou de notre Ministère du travail. Espérons que les résultats en seront moins tristes que ceux des enquêtes partielles achevées jusqu'ici. Puisqu'en cette matière les observateurs anglais nous ont devancés, qu'on se reporte aux travaux de M. Rowntree sur *la Pauvreté dans les Villes*, ou à l'immense monographie que M. Booth a consacrée à

Londres, on sera navré et effrayé des basses conditions de vie auxquelles, dans les plus grands centres industriels, tant d'êtres humains sont condamnés.

Devant des statistiques aussi émouvantes dans leur sécheresse continuera-t-on à nier, au nom des principes libéraux chers au député de Lyon, la nécessité « d'intervenir » ? M. Viviani le rappelait l'autre jour, dans un autre banquet, aux mutualistes de la Seine : il y a une collectivité à qui la dureté de la vie a interdit la prévoyance, une collectivité fatalement imprévoyante ; l'Etat est son tuteur naturel. Ce qui revient à dire que de l'insécurité où elle se débat nous nous sentons plus ou moins responsables. Et nous comprenons plus clairement, à mesure que notre conscience sociale est mieux informée, la nécessité d'organiser, pour les déshérités aussi, l'assurance sous toutes ses formes : assurance contre la maladie aussi bien que contre les accidents, assurance contre la vieillesse et assurance contre le chômage.

Tâche énorme. Pour la mener à bien — à quoi sert de le dissimuler ? — force sera à l'Etat de demander à la bourgeoisie, « indéfinissable » ou non, un grand nombre de sacrifices. Tant pis pour ceux qui ne comprennent pas cette nécessité morale. Ils ne feront que reculer pour mieux sauter.

M. Aynard, en guise de péroraison, exhortait les membres de la bourgeoisie « à occuper et à défendre les postes de combat qui leur étaient offerts ». Oui, il faut combattre, et l'inertie du laisser-faire est par-dessus tout méprisable. Mais il appartient aux « bourgeois » républicains de bien choisir leur poste de combat. S'ils ont compris ce qu'exige la logique du principe démocratique, ils s'appliqueront à paralyser, bien plutôt qu'à surexciter, l'égoïste instinct de classe. Et de l'intérieur même de la place, au lieu de s'arc-bouter derrière la muraille des privilèges économiques, ils y ouvriront le plus de brèches qu'ils pourront.

AVERTISSEMENTS [1]

C'est par un joli couplet que Pelletan a terminé l'autre jour, à la Chambre, son grand discours technique. Un couplet sur un thème qui lui est justement cher : le devoir bourgeois. Invoquant l'autorité de Quinet, il a rappelé aux classes moyennes que, devant les revendications populaires, elles avaient à choisir entre deux traditions : celle de 1830 ou celle de 1789 — la résistance aveugle, qui risque de tout faire sauter, ou la collaboration avisée, qui ménage et facilite les transitions nécessaires.

Pelletan a bien raison d'escompter ces impondérables. C'est désormais une quantité négligeable, pensent tels théoriciens dédaigneux, que l'état d'âme de la bourgeoisie. Quelle erreur, en France surtout! L'esprit des classes moyennes ouvert ou fermé, c'est beaucoup de temps de gagné ou de perdu pour le progrès démocratique.

---

[1] *Dépêche* du 13 février 1908.

Beaucoup de gens s'en rendent compte, d'ailleurs. Et c'est pourquoi on n'a jamais parlé, plus qu'aujourd'hui, de l'éducation sociale de la bourgeoisie. Mais il ne semble pas que, sur cette question vitale, les idées soient toujours claires et nettes.

J'en trouve la preuve dans un récent article de la *Revue Bleue*, intitulé « les Deux Educations ». Les deux éducations dont parle ici M. P.-Félix Thomas ne sont pas celles dont parlait naguère Waldeck-Rousseau à Toulouse : la cléricale et la laïque. Non, dans l'enseignement laïque lui-même, M. Thomas distingue deux méthodes, deux tendances, deux volontés opposées, selon qu'il s'adresse aux enfants du peuple ou aux enfants des classes moyennes.

L'enseignement qu'on donne aux premiers est, nous dit l'auteur, dogmatique et pratique ; celui qui est réservé aux seconds reste théorique et critique. A ceux-ci on apprend surtout à douter ; à ceux-là à vouloir. L'histoire telle qu'on la présente aux enfants du peuple leur inspire la confiance dans leur cause. On leur répète sur tous les tons qu'ils doivent *être tout*. Aux enfants de la bourgeoisie, on laisse entendre qu'ils ne sont plus rien qui vaille. Leur classe n'aurait plus, semble-t-il, qu'à donner sa démission. Ainsi les rend-on inquiets, incertains, abouliques. Dans ces conditions, la partie n'est pas égale ; et c'est pourquoi, conclut M. Thomas, cette bourgeoisie que Jupiter aveugle, nous nous risquons après tant d'autres à « l'avertir ».

Sur l'antithèse exploitée par l'auteur, il y aurait certes bien à dire. Quand il oppose les deux méthodes, primaire et secondaire, ses arguments reposent sur des exagérations et des simplifications manifestes. Mais c'est la conclusion, aujourd'hui, que nous voulons retenir. C'est elle qui nous laisse rêveurs. Avec cet avertissement alarmiste, où l'auteur veut-il en venir? Entend-il donc que le premier devoir de la bourgeoisie, à l'heure actuelle, serait de « se défendre » avec la dernière énergie et de se retrancher aussi longtemps qu'elle pourra dans la forteresse des privilèges économiques ? Souhaite-t-il, en conséquence, que nous présentions aux enfants des classes moyennes l'actuelle organisation du droit comme le but dernier, le *nec plus ultra*, le terme éternel de l'histoire ? Ainsi peut-être pourrions-nous faire de jeunes bourgeois « conscients » et militants, qui ne se laisseraient pas aveugler par Jupiter. Sûrs de leur bon droit, ils n'hésiteraient plus, eux du moins, à user de leur force.

Perspective bien faite pour réjouir, sans doute, nos dilettantes du syndicalisme révolutionnaire. Lisez les *Réflexions sur la Vio-*

lence de M. G. Sorel, grand doctrinaire de ces émeutiers en chambre. Vous y verrez qu'il appelle de tous ses vœux pieux l'heure des conflits brutaux. Il souhaite une bourgeoisie qui se défende, en effet, sans scrupule, pour que, sans scrupule, on la puisse attaquer. Sans ces chocs régénérateurs, il paraît que la cause du vrai, du pur socialisme est perdue. C'est pourquoi ce qu'on peut faire de plus juste, de plus vertueux, de plus héroïque pour l'instant, c'est de jeter de l'huile sur le feu. G. Sorel et ses amis, de leur balcon, s'y emploient en conscience.

Mais M. P.-Félix Thomas, vraisemblablement, ne mange pas de ce pain-là. Lui qui a fait avec tant d'amour l'histoire de Pierre Leroux le solidariste, ce n'est pas par ces petits chemins bordés d'abîmes qu'il entend mener la société. Nous voulons, nous devons vouloir un progrès continu et sans secousses, une « évolution pacifique et résolue ». Quand Pelletan parlait ainsi, M. P.-Félix Thomas lui aussi eût applaudi sans doute.

Pourquoi se plaint-il alors si nous nous efforçons d'ouvrir la conscience des jeunes « bourgeois » au sentiment des injustices économiques persistantes, dont souvent ils profitent, mais dont tant d'autres pâtissent? Que craint-il si nous les préparons en conséquence à accepter, à souhaiter, à hâter dans la mesure

de leurs moyens le règne d'un droit plus
juste? Ces sentiments, appuyés sur l'histoire,
ne sont-ils pas de nature à leur faire comprendre et aimer, en même temps que leurs
stricts devoirs professionnels, leur large
devoir social?

Les jeunes gens qui sortent de nos lycées
cherchent leur voie, le plus souvent, ou dans
les professions libérales, ou dans les fonctions
publiques, ou dans les postes supérieurs de
l'industrie et du commerce. Dans aucune de
ces carrières, le « sens social » n'est déplacé.
Au magistrat, à l'administrateur, il suggère
d'alléger le poids des lois et règlements,
souvent si lourds aux déshérités. Quant aux
patrons dans leurs usines, il les avertit utilement que ce n'est pas si sûr qu'ils soient
« maîtres chez eux » ; sur ce terrain aussi,
devant les groupements trop légitimes des
salariés, il faut savoir faire, à temps, sa part
à la démocratie.

Relisez Pierre Leroux, monsieur Thomas,
et écoutez Pelletan! Cela vaudra mieux que de
faire le jeu de M. Aynard — ce qui est la meilleure manière de faire le jeu de M. Sorel. Donner des gages aux conservateurs, ce serait pour
nous, à l'heure actuelle, le meilleur moyen de
donner des espérances aux révolutionnaires.
Ce sont eux, si nous écoutions vos imprudents
avertissements, qui riraient les derniers.

LE PATRIOTISME DES INSTITUTEURS[1]

Quand on veut alarmer la bourgeoisie, on tape sur l' « antipatriotisme » des instituteurs. Le gong est bon. Il éveille des échos sinistres. La ligue de la *Patrie française* le maniait à merveille.

Elle recommence en ce moment, paraît-il. On a lu la dissertation inaugurale de M. Barrès, sur les *mauvais instituteurs*. Ce sera pour les prochaines élections municipales, a déclaré l'amiral Bienaimé, notre plate-forme électorale.

Que des nationalistes en quête de plate-forme cherchent à se mettre sous les pieds les maîtres de l'école laïque, c'est trop naturel. Les nationalistes sont dans leur rôle, qui est l'exploitation de l'idée de patrie. L'effroi public est leur raison d'être. L'alarme est leur élément. Pour ne pas retomber à plat, ils ont besoin d'une perpétuelle vibration de tocsin.

---

1. *Dépêche* du 29 mars 1907.

Mais il est plus étrange, et plus triste, de voir des amis de l'école laïque s'associer plus ou moins directement à cette campagne, et travailler, eux aussi, à donner au public l'impression que nos instituteurs sont corrompus, gâtés, pourris par on ne sait quelle fermentation d'hervéisme.

M. Georges Duruy est héréditairement — il le rappelle lui-même — un ami de l'école. Professeur à Polytechnique il a prouvé, aux débuts de l'affaire Dreyfus, sa clairvoyance d'esprit en même temps que sa fermeté de caractère. Pourquoi faut-il que ses patriotiques inquiétudes l'entraînent à utiliser aujourd'hui, sans critique suffisante, les équivoques entassées et les sophismes lancés par les ennemis de l'école ?

On connaît le procédé. Vous prenez, en les détachant soigneusement de leur contexte, dans un article de Revue ou dans une résolution de Congrès, une demi-douzaine de formules suspectes. Vous mêlez, vous agitez, vous servez bouillant. Et le tour est joué. L'antipatriotisme général, l'antipatriotisme essentiel de la masse des instituteurs est « démontré ».

M. Paul Deschanel, dans le discours où il utilisait le congrès pacifiste de Nîmes, M. Georges Goyau, dans les différents articles de la *Revue des Deux Mondes* qu'il a consacrés à la crise de l'école, ont prouvé qu'ils étaient passés maîtres en cette cuisine. Il est dommage que M. Georges Duruy ne leur en ait pas laissé le monopole. Dans son article récent de la *Revue de Paris :* « Ecole et Patrie », c'est par des procédés tout à fait parents des leurs qu'il aboutit à cette conclusion : « Aveugle qui ne voit pas que la force immense de l'école semble prête à se dresser contre la patrie. A aucun prix il ne faut que cette chose impie soit. » Ou encore : « Je livre aux méditations des éducateurs de notre jeunesse ces fortes pensées (des paroles de Roosevelt). Puissent-elles leur servir d'antidote contre les poisons des doctrines conseillères d'abdication nationale et de couardise, qui voudraient faire de l'école, en France, la pourvoyeuse de la défaite. »

Conseils trop injurieux tout de même, et inductions trop pessimistes.

Pour ma part, j'ai beau chercher parmi toutes les figures d'instituteurs que je connais, que j'ai vus à l'œuvre. (Et j'en ai vu, si je puis dire, de toutes les couleurs : du plus rose au plus rouge.) Je n'en découvre aucun qui soit capable de « conseiller la couardise », ni qui rêve de transformer son école en « pourvoyeuse de la défaite ». Rengainez donc vos discours américains. La tradition de la Révolution française est encore assez vivante, dans notre corps primaire, pour lui conserver ce sentiment de fierté nationale que vous vous essoufflez à ressusciter comme s'il était mort. Et si elle inspire aux maîtres, en même temps que le souci persistant de l'indépendance nationale, la croissante préoccupation de l'humanité, de quel droit vous en plaindre ? Un patriotisme « humain » est le seul qui soit intimement adapté à cet esprit démocratique qui est la force et la gloire de notre nation. Et tenter de soustraire notre patriotisme aux nécessaires adaptations, ne serait-ce pas le plus sûr moyen de le condamner à l'atrophie?

Le plus bel argument de M. Duruy, c'est le congrès de Lille. On y a discuté la vieille conception de l'histoire. On y a protesté contre l'abus des récits de batailles et de l'imagerie guerrière. On y a opposé, à l'impérialisme agressif, le patriotisme défensif, etc.

Que de-ci de-là des formules imprudentes aient été lâchées, c'est très possible. Mais d'abord, quand cela serait, il serait souverainement injuste d'en tirer argument contre l'école laïque, pour la rendre responsable des ravages que fait l'antipatriotisme dans tels centres ouvriers. Un inspecteur primaire me le faisait justement observer. « L'instituteur dans sa classe est en retard d'une dizaine d'années environ sur l'instituteur dans les

Congrès. Les livres mêmes que ceux-ci dénoncent, il continue longtemps à en user. Il faut donc une longue période avant qu'une idée descende, des sommets d'un ordre du jour, dans le courant de l'enseignement. » En réalité, la génération qui arrive aujourd'hui à la vie politique passait dans les écoles à un moment où, de l'aveu général, ce n'était pas seulement le patriotisme, mais le chauvinisme qui y avait ses coudées franches. Laissez donc aux nationalistes leur prestidigitation habituelle, et cherchez, pour l'anti-patriotisme d'aujourd'hui, d'autres responsables que l'instituteur.

Mais demain, direz-vous? Quand les livres conformes aux ordres du jour seront jetés sur le marché, quand les idées descendront... Ici même, l'événement prouve que vous vous alarmez trop tôt. Ces livres sont arrivés. Et ils n'ont rien d'effrayant, rien qui puisse scandaliser un patriote républicain. J'ai sous les yeux, en ce moment, le *Cours d'Histoire de France*, que MM. Bouniol et Behr ont rédigé « conformément aux résolutions du Congrès d'instituteurs tenu à Lille ». M. Georges Duruy peut voir, dans ce livre, une incarnation des idées dont l'expression, à Lille, excitait les hauts cris de M. Bocquillon. Qu'il le lise donc, et qu'il nous dise s'il ne lui paraît pas souhaitable que l'esprit qui anime ce livre pénètre aussi l'âme de tous les enfants du peuple. Il y constatera comment, sans être le moins du monde injuste ou intolérant à l'égard de la France ancienne, on peut faire comprendre et faire aimer aux générations d'aujourd'hui le mouvement de faits et d'idées, le progrès continu qui a constitué la France moderne.

Et sans doute ce progrès même nous crée des devoirs pressants. Il y a des élans historiques qu'on ne brise pas. Il y a une logique des idées contre laquelle toute réaction se brise. C'est cette logique qui exige, dans notre politique intérieure comme dans notre politique extérieure, un plus constant souci de la justice. C'est elle qui nous invite, qui nous oblige à tailler une plus large place, ici au pacifisme juridique, et là au réformisme économique. Il est puéril de s'effarer devant ces conséquences. Il est plus viril d'y parer. Quoi qu'en pense la courte philosophie du nationalisme, c'est par le mouvement que l'on conservera, au patriotisme français, son indispensable équilibre. Le plus sûr moyen de ne pas tomber, c'est de marcher avec décision.

APATRIOTES[1]

Apatriotes, c'est une espèce nouvelle d'éducateurs. Et c'est celui que les rigueurs de M. Briand ont poussé au premier plan, c'est le citoyen Nègre qui la présente au Congrès des syndicats d'instituteurs, réuni en ce moment à Lyon.

Je regrette vivement de n'avoir pu assister à ce Congrès. J'aurais été heureux d'entendre les collègues de M. Nègre discuter, j'aurais été heureux surtout de l'entendre préciser lui-même ses déclarations. Car, telles que les rapportent les Agences, elles laisseront, je crois, beaucoup d'éducateurs perplexes.

« Nous protestons énergiquement contre l'accusation d'antipatriotisme, a dit M. Nègre. Tout ce que nous voulons, c'est la neutralité absolue de l'enseignement. Nous voulons que celui-ci se borne aux sciences exactes et à l'observation impartiale des faits et des

1. *Dépêche* du 21 avril 1908.

choses. Nous n'entendons donner ni un enseignement patriote ni un enseignement antipatriote. » En bref, exposer des faits, et non pas suggérer des sentiments, telle doit être notre devise.

Il semble que M. Nègre ici ait raisonné par analogie. On disait naguère, lorsque la question religieuse obsédait les esprits : L'école laïque a le devoir de ne prendre parti ni pour ni contre la religion ; elle a le droit d'être « sans Dieu ». De même, nous dit-on aujourd'hui, pour résoudre la question nationale, il faut et il suffit que l'école ne prenne parti ni pour ni contre le patriotisme : qu'elle reste méthodiquement « sans patrie ». Soyons *apatriotes* comme nous sommes *areligieux*, et nous n'avons plus besoin de chercher midi à quatorze heures. Nous tenons la solution rêvée par la raison, la philosophie, la science.

Solution simple, trop simple — on s'en doute — mais aussi — il faut le noter — solution assez logique au premier abord, solution séduisante en effet pour des « philosophes », soucieux de l'esprit critique et respectueux de la méthode positive. Pour arriver à des solutions pareilles, il suffit, semble-t-il, de pousser à l'extrême les principes rationalistes qui sont bien l'âme hardie de notre enseignement laïque.

M. Lanson le disait fort justement naguère en discutant avec nous sur la *Crise du Libéralisme* : il est très vrai que nous voulons. avant tout « non transmettre des dogmes mais former des libertés ». Mettre les futurs citoyens en mesure de se façonner eux-mêmes leur destinée en se taillant à leur gré et à leurs risques, dans l'infini des hypothèses, leur conception propre de la vie, c'est, disions-nous, notre idéal. Idéal imposé non seulement par le culte de la raison, mais par le respect de l'avenir. Donnons des ailes à l'esprit de l'enfant. Mais gardons-nous de lui mettre un fil à la patte. C'est pourquoi pas de « système » qui emprisonne. Mais seulement les » bonnes méthodes » qui libèrent. « Choisis » : c'est le dernier mot d'une éducation vraiment libérale.

Mais est-il donc vrai que pour mettre et laisser l'enfant à même de « choisir » il faille se contenter de lui exposer des faits, et se défendre de lui suggérer un sentiment quel qu'il soit ? Est-il vrai que pour faire connaître impartialement la réalité, l'éducateur doive s'abstenir scrupuleusement de tout jugement de valeur ? Faut-il concéder, en d'autres termes, que pour rester strictement scientifique, l'enseignement de l'instituteur doive devenir complètement « amoral » ?

L'expérience répond, sur ce point, plus clairement que cent dissertations abstraites. Appelez-en à l'expérience de tous les éducateurs. Le plus rapide examen de conscience les convainc que ce libéralisme absolu n'a qu'un défaut, celui de la jument de Roland : il n'a jamais existé et vraisemblablement il n'existera jamais.

Dans la vie de tous les jours de l'école, les appréciations morales ne cessent de se mêler intimement aux constatations scientifiques. Qu'il le veuille ou non, implicitement ou explicitement, le maître ne cesse de distribuer éloge ou blâme. Et par conséquent il ne cesse de suggérer des sentiments à l'élève. Prenons-en notre parti, monsieur Nègre : on n'est pas des esprits purs. Et l'on ne peut pas plus, au contact des faits, empêcher ses sentiments de vibrer qu'empêcher son cœur de battre.

L'instituteur voit un enfant manquer de respect à son père, ou tricher au jeu, ou profiter, sans y prendre part, du travail des autres. Se contentera-il, à ce propos, de constater les faits ? Non sans doute : il ne craindra pas de stigmatiser les ingrats, les tricheurs, les profiteurs, en signalant que « si tout le monde en faisait autant », il n'y aurait plus de société possible. L'humanité aurait vite fait de perdre tout ce qu'elle a gagné, au progrès de la vie en commun. En un mot, l'éducateur, ici, ne se contente pas d'enregistrer : il « réagit ». Et à travers la réprobation qu'il exprime c'est la société même qu'on entend protester : elle cherche à éliminer les poisons qui menacent sa vitalité.

Est-ce donc trop demander à l'éducateur public que d'espérer que, en matière d'antipatriotisme, il ne craindra pas de « réagir » avec la même décision ? Hé quoi, devant le déserteur, devant le lâcheur, devant celui qui se vante — comme l'autre jour ce réserviste — de filer en Belgique au premier signal de la mobilisation, l'instituteur devrait rester muet, pour être plus sûr d'être impartial ? Il n'oserait pas, de peur d'attenter à la liberté de l'enfant, flétrir ceux qui se dérobent, de quelque façon que ce soit, aux impérieuses obligations de la solidarité nationale ?

Assurément, ce n'est pas ainsi que M. Nègre entendait les devoirs de l'impartialité. Pour féru que l'on soit de libéralisme, il y a un minimum de sentiments communs qu'il faut délibérément entretenir : la société à qui ce ciment ferait défaut retournerait bientôt en poussière. Elle ne saurait supporter le moindre choc. Il n'est pas nécessaire, aujourd'hui, pour former une patrie, que les citoyens communient dans le même *Credo*. Au contraire, l'effort pour imposer un même *Credo* risquerait plus que jamais de disloquer la patrie. Et c'est justement pourquoi, comme l'observait Quinet, l'école publique doit bâtir l'unité nationale sur d'autres pierres que sur celles des Églises. Mais il reste et il restera toujours nécessaire, à cette unité, que les citoyens soient unanimement décidés à respecter des lois que leur libre concert peut d'ailleurs réformer. Il reste et il restera toujours nécessaire qu'ils veuillent unanimement la santé, la vitalité, la prospérité de l'organisme même auquel ils s'efforcent d'inoculer des doses croissantes d'esprit démocratique.

Prenez garde, apatriotes, sous prétexte d'assurer la vie de la raison, d'oublier les conditions élémentaires de la vie...

L'ÉCOLE ET LA NATION [1]

« Défendons l'école laïque » : par une circulaire qu'elle vient d'envoyer à tous ses adhérents, la *Ligue de l'Enseignement* lance ce mot d'ordre, qui est en même temps un cri d'alarme.

La formule, au premier abord, a de quoi surprendre. L'école laïque règne chez nous sans conteste, semble-t-il. Et personne n'ose plus en discuter sérieusement le principe. Vouloir à l'heure actuelle « défendre l'école » n'est-ce pas proposer à un vainqueur un faisceau d'armes inutiles?

La *Ligue de l'Enseignement* n'a pas tout à fait tort, cependant, de s'inquiéter et de nous inquiéter. Elle voit venir de loin une vague d'opinion. Elle sait quels vents la soulèvent, pour la faire déferler contre les murs de nos écoles. Elle n'a pas perdu de vue la campagne menée contre « les mauvais insti-

---

1. *Dépêche* du 1er mai 1908.

tuteurs ». Elle constate avec quel art, pour faire naître la défiance et la peur au cœur du public, la moindre parole imprudente est mise en valeur.

Devant cette tactique il n'est que temps, en effet, de serrer les rangs et de faire front. Il nous faut à tout prix empêcher que l'opinion rende la masse laborieuse et silencieuse des instituteurs responsable des incartades de quelques « idéalistes » grisés de mots. Il nous faut surtout empêcher que l'opinion méconnaisse, par la faute de quelques formules équivoques, ce qu'il y a de légitime dans l'effort actuel des instituteurs associés, — que ce soit en Amicales ou en Syndicats, peu importe. En matière de personnes comme en matière d'idées, il nous faut en un mot distinguer, séparer de l'ivraie le bon grain, qui peut et doit fructifier.

A ce propos, le récent Congrès des instituteurs syndiqués peut et doit nous servir d'exemple. Dès à présent il est loisible de mesurer l'effet qu'il a produit — ou du moins les effets qu'on en a tirés. Les journaux « modérés » ne décolèrent pas. Nous ne voulons pas plus du « gouvernement des instituteurs », s'écrient-ils, que du « gouvernement des curés ». Et que les maîtres de l'école publique conçoivent l'idée de mener, auprès de la classe ouvrière, une enquête sur les programmes et les méthodes de cette école, c'est à leurs yeux un scandale intolérable : c'est une manière d'attentat contre l'unité nationale et les principes républicains.

Mais c'est ici qu'il importe de « distinguer », si l'on veut dissiper les équivoques.

S'agit-il, pour les instituteurs syndiqués, de s'affilier à la Confédération générale du travail, d'abdiquer entre ses mains, de jurer obéissance à ses mots d'ordre ? Prétention inacceptable en effet. Non pas seulement à cause des différences de condition juridique qui crèvent les yeux : quelle commune mesure entre l'ouvrier de l'industrie privée et le fonctionnaire, l'agent, le représentant de la nation qui est l'instituteur ? Mais encore l'état d'esprit où se sont complus, jusqu'ici, ceux qui parlent au nom de la C. G. T. suscite, il faut le reconnaître, des difficultés particulières. Leur idéal est-il vraiment de « désorganiser l'Etat » et en attendant d'y favoriser l'action de tous les « facteurs de détraquement »? Toujours est-il qu'ils le disent, et qu'on voit malaisément de pareilles déclarations de principe contresignées par ceux qui ont reçu et accepté la charge de former au respect de la loi les futurs citoyens. On ne peut servir à la fois ces deux maîtres : l'Etat et l'Anti-Etat ; l'esprit légalitaire et l'instinct révolutionnaire. Il faut choisir. Sur ce point les républicains les plus sincèrement libéraux, les plus soucieux de ne point fermer leurs portes à l'avenir conçoivent difficilement un accommodement possible. Sur ce point le rapporteur du Budget de l'Instruction publique, M. Steeg, est aussi net que M. Doumergue et un ministère Combes ne transigerait pas plus sans doute que le ministère Clemenceau.

Mais de là à penser que c'est crime et folie, pour les instituteurs, de vouloir « causer » de leur enseignement avec les ouvriers syndiqués, il y a un monde. Et l'on ne voit pas du tout au contraire, ni par quel procédé pratique ni pour quelle raison de principe un gouvernement républicain pourrait s'opposer à une consultation de ce genre.

On répète souvent que l'enseignement que nous donnons aux enfants du peuple est trop livresque, trop uniforme et trop abstrait. Il ne se modèle pas assez directement, dit-on, sur les réalités environnantes. Il ne répond pas aux besoins les plus urgents. Il y a peut-être une part de vérité dans ces critiques. Il n'est pas inutile en tout cas que les travailleurs soient appelés à communiquer au maître, à ce propos, les résultats de leur expérience personnelle. Il n'est pas mauvais que le souffle de la vie, par la fenêtre entr'ouverte de l'école, vienne faire tourner plus vite les pages des

manuels. Jaurès, il y a plus de vingt ans déjà
— en 1886 — appelait l'attention de la Chambre
sur l'intérêt vital de ces sortes de consulta-
tions populaires. En essayant de les organiser,
que font, après tout, les syndicats d'instituteurs, sinon réaliser une idée qui a recueilli,
me semble-t-il, les approbations de plus d'un
ministre : « la coopération de l'école et de
la famille » ?

Il importe seulement qu'en menant des enquêtes de ce genre, les instituteurs n'oublient
pas un « détail ». Il a son importance. Et c'est
que les syndicats ouvriers sont très loin, en
France surtout, de représenter tout le peuple.
L'école publique n'a pas affaire seulement à
des fils de syndiqués ou même à des fils de prolétaires. Elle est ouverte aussi bien au fils du
petit propriétaire, du commerçant, de l'entre-
preneur. On croirait, à lire les déclarations
de certains instituteurs syndicalistes, que la
France est tout simplement divisée en deux
grands camps : exploiteurs et exploités. En
réalité, entre les deux extrêmes de la théorie
marxiste il subsiste, et surtout en France,
toute une foule composite et bigarrée de types
intermédiaires. Et la moindre école de village
est un vivant symbole de cette variété.

De cette variété il faut bien tenir compte,
sous peine d'être dupes, encore une fois, de
l'abstraction. Ce n'est donc pas une catégo-

rie spéciale, ce sont toutes les catégories de
pères de famille qu'il faudrait consulter pour
obtenir une image exacte des desiderata de
l'opinion. L'enquête rêvée ne sera vraiment
féconde qu'à la condition d'être méthodiquement élargie.

Et sur ce point les républicains amis de
l'école laïque, mais plus amis encore de l'unité
nationale peuvent être tranquilles : pour peu
que les instituteurs syndicalistes élargissent
en effet leur enquête, ils seront vite ramenés
aux principes réformistes que nous défendons.
Devant la diversité même des situations
et des tendances, ils comprendront mieux
que jamais la nécessité d'entretenir au cœur
des enfants cette « volonté de faire de grandes
choses ensemble » qu'évoquait Renan ; minimum de sentiment collectif nécessaire pour
qu'une nation soit capable de résister à la
désorganisation en se prêtant à l'évolution.

« Cherchons ce qui unit, et non ce qui divise »,
disait naguère M. Croiset dans une enquête
sur l'enseignement secondaire. Une enquête
du même genre, sur l'enseignement primaire,
prouverait sans doute que cette devise garde
aujourd'hui tout son prix.

PROCÈS DE TENDANCES [1]

Il y a des gens qui ont placé leur suprême espoir dans la Confédération générale du Travail. Ce ne sont pas, comme on pourrait le penser, nos révolutionnaires. Mais bien plutôt nos conservateurs. Sous leurs mains habiles, la C. G. T. devient un épouvantail sinistre. Ils montrent sur tous les murs, comme eût dit de Hérédia, « la gigantesque horreur de l'ombre syndicale ». Et ils espèrent ainsi amener les républicains qui veulent aller de l'avant à rebrousser chemin, sinon à tourner casaque.

Dans cet art de faire peur, le *Temps* est passé maître. M. Félicien Challaye, dans la docte *Revue de Métaphysique et de Morale*, avait consacré aux théories du Syndicalisme révolutionnaire une impartiale étude. Le *Temps* en dégage et en retient soigneusement les formules les plus outrancières. Il en fait

---

1. *Dépêche* du 13 avril 1907.

comme un bouquet d'orties, pour le présenter à l'opinion républicaine. Et là-dessus, il convie, il excite le gouvernement à l'action, et à l'action, semble-t-il, la plus directe. Pas de tergiversations. Pas de distinctions. Bâillonnez-moi tous ces gens-là. C'est le moment de se souvenir qu'il faut être de l'autre côté de la barricade, et qu'il est temps, enfin, d'étouffer l'Adversaire.

Il nous revient qu'un certain nombre de parlementaires trouveraient du bon, décidément, à cette manière forte. On nous assure même qu'il se rencontre des radicaux-opportunistes (si on ose dire) pour reprocher amèrement dans les couloirs, aux radicaux-socialistes, une condescendance abusive envers la C. G. T. Pensent-ils donc sérieusement que pour sauver la France et la République il suffirait de boucler, sous un prétexte quelconque, MM. Bousquet, Griffuelhes et Cie?

Un peu de sang-froid, pourtant, ne serait pas hors de saison. Nous sommes loin de méconnaître « le danger » des doctrines professées dans la *Voix du Peuple* et autres organes qui se disent syndicalistes. Nous le méconnaissons si peu que nous l'avons dénoncé plus d'une fois. Ce syndicalisme-là est encore tout imprégné d'anarchisme. Il croit sans doute, en même temps qu'à l'impuissance actuelle de toutes les institutions, à la bonté future de tous les hommes. Pour l'instant, la haine semble son instrument favori ; la désorganisation, son idéal prochain. Et il est, lui aussi, serviteur d'une foi simpliste et violente, qui n'est autre chose qu'un chauvinisme retourné, un chauvinisme de classe : l'antipatriotisme. Une nation où cet esprit de négation ferait une majorité de prosélytes serait une nation perdue, — perdue pour le progrès social aussi bien que pour l'indépendance. Cela, les socialistes unifiés eux-mêmes le savent, s'ils n'osent plus, ou s'ils n'osent pas encore le dire...

Nous avons donc raison de le crier sur les toits, et de protester de tout notre pouvoir contre ce simplisme dissolvant. Mais de ce qu'une doctrine est dangereuse, est-ce une raison suffisante pour essayer de boucler ses auteurs ? Contre les idées on est plus fort, finalement, par la pleine liberté de la discussion que par une savante organisation de la compression. Clemenceau le disait naguère de la tradition catholique. Il faut le redire aujourd'hui de l'aspiration anarchiste.

D'autant que, comme il arrive souvent, le conseil de la prudence coïncide ici avec l'exigence du libéralisme. Et il est sage de se demander si, dans l'état actuel des mœurs, tout effort pour fermer la bouche aux propagandistes n'est pas le meilleur moyen d'ouvrir, à leur propagande, les oreilles du plus grand nombre. Mettre l'homme à l'ombre, c'est mettre l'idée en lumière ; c'est lui prêter une auréole qui lui attire des fidèles nouveaux.

A l'heure actuelle, il est malaisé de savoir combien d'esprits, parmi les syndicalistes eux-mêmes, prennent au sérieux les négations que nous prenons à partie. Mais il est vraisemblable qu'ici comme ailleurs une poignée d'agitateurs ou d'agités donne, par son mouvement, l'illusion du nombre. En fait, les militants que chacun de nous a pu voir à l'œuvre dans les Bourses du Travail sont pour la plupart trop réalistes et, si l'on ose dire, trop positivistes pour passer leur temps, à nier l'efficacité des lois, la nécessité des patries, et même la légitimité de la démocratie. Le moindre grain de mil fait mieux l'affaire des syndicats qui ont quelque réalité.

Je sais bien qu'il y a les Congrès, où l'opinion des syndicats confédérés se formule, et que les Congrès ont plus d'une fois lancé des formules trop favorables aux doctrines en question. Le *Temps* cite le Congrès d'Amiens où, sur la proposition du citoyen Yvetot, l'Assemblée finit par émettre un vote en faveur de la propagande antimilitariste et antipatriotique. Mais, en dépit de cette concession déplorable, les discussions d'Amiens ont laissé à tous ceux qui y ont assisté une impression bien nette : c'est que la masse des syndiqués répugnait aux aventures où les rédacteurs de *la Voix du Peuple* entendaient la mener malgré elle. Elle entendait donner congé à la « secte » aussi bien qu'au « parti », se défendre contre la politique anarchiste aussi bien que contre la politique collectiviste. On était venu enfin, comme le concéda Niel répondant à Coupat, pour rompre le nœud entre le syndicalisme et l'anarchisme. De ceux qui avaient noué ce nœud au Comité confédéral beaucoup de syndiqués, semblait-il, se seraient séparés assez volontiers. Mais la menace gouvernementale semblait encore suspendue sur leurs têtes. On se fit scrupule de débarquer ceux qui la veille avaient été ou ceux qui auraient pu être coffrés.

C'est ainsi, souvent, qu'une pression intempestive resserre brusquement des liens qui spontanément se seraient desserrés. Les syndicalistes anarchistes, antiparlementaires et antilégalitaires, antipatriotes et antidémocrates ne sont encore, révérence parler, qu'un Etat-major sans troupes. Mais abusons seulement contre eux, comme nous le conseille une prudence étourdie, des procès de tendances : nous au ronstôt fait, à cet Etat-major, de constituer une armée.

SYNDICALISME ET RADICALISME [1]

L'autre jour à Toulouse, dans une réunion organisée par le syndicat des employés de commerce, on invita, après les orateurs socialistes, un orateur radical à prendre la parole. Et comme il rappelait brièvement qu'il avait fait ses preuves de *syndicalisme* : « Vous êtes donc collectiviste ? » lui cria une voix dans l'auditoire.

L'interruption valait d'être relevée. Elle suppose un bon tas d'équivoques. Elle révèle que, même après les discussions d'Amiens, l'entière clarté n'est pas faite dans les esprits les mieux intentionnés. Elle prouve qu'il n'est pas inutile de démontrer, une fois de plus, des vérités dont on pourrait croire qu'elles crèvent tous les yeux. Ne nous lassons donc pas de le répéter : ni le collectivisme proprement dit n'implique logiquement le syndicalisme ; ni inversement le radicalisme ne l'exclut. Tout au contraire.

Substituer la valeur de travail à la valeur

---

1. *Dépêche* du 20 janvier 1907.

d'échange — éliminer par suite, avec les heurts de la concurrence, les tâtonnements de l'offre et de la demande — adapter enfin directement, par la suppression des intermédiaires, la production à la consommation, c'est là l'idéal proprement collectiviste. Comment Marx se représentait-il au juste l'immense mécanisme qui devrait réaliser cet idéal? Bien osé qui le dirait. « Mystère et discrétion », c'est, sur ce point délicat, le mot de passe socialiste. Ce qui est sûr du moins, c'est que pour opérer ces adaptations directes et globales, des syndicats, voire des fédérations de syndicats auraient paru, aux yeux de Marx, des organes bien insuffisants. La totale élimination de la concurence, avec la suppression de toute propriété privée, ne peut se concevoir, semble-t-il, sans une centralisation autrement serrée de l'organisme économique.

C'est ce que les gardiens de l'orthodoxie collectiviste ne manquent pas de nous rappeler. La foncière antipathie des guesdistes à l'égard du syndicalisme n'est un secret pour personne. Mauvaise humeur, a-t-on dit, de révolutionnaires qui se sentent dépassés? Peut-être. Mais aussi, mais surtout dépit, désespoir de doctrinaires qui se sentent incompris, et qui voient le mouvement ouvrier s'éloigner de la saine et sainte tradition...

Faut-il rappeler quels cris de mépris furieux arrachait à Guesde cette « solution corporative » dont paraissent se contenter aujourd'hui beaucoup de jeunes socialistes-syndicalistes ? Exproprier avec ou sans indemnité des entreprises existantes pour les remettre à des associations ouvrières plus ou moins égalitaires, « ce n'est pas parler, « s'écriait Guesde, c'est braire que de nous « prêter un pareil projet... Jamais le com-« munisme ou le collectivisme scientifique n'a « poursuivi un pareil but, dont il connaît « aussi bien que M. Molinari l'impraticabilité, « et dont il ne voudrait à aucun prix, même « s'il n'était pas le dernier mot de l'utopie ».

Aujourd'hui Cuesde serait sans doute moins absolu. Guesde lui-même se laisse rebrousser les cheveux par le vent qui passe. Le prophète fait des concessions à la mode. Mais, sous les concessions de forme, comme le dédain reperce vite ! Dites que les syndicats pourront ménager les transitions, accordait-il à Limoges, mais ne dites pas, mais ne laissez pas croire à la classe ouvrière qu'ils suffiraient à assurer un ordre socialiste. Entre ces corps-propriétaires ne verrait-on pas subsister, ajoutait-il, avec les mêmes chances d'inégalité, les mêmes raisons de lutte qu'entre les individus d'aujourd'hui ? Il nous faut donc une organisation humaine, et non une organisation corporative de la production. Ainsi reparaissait la notion du Bloc économique : « la société tout entière, formée de l'ensemble des producteurs, propriétaire indivise de tous les moyens de production qu'elle mettra directement et unitairement en valeur ».

C'est ce Bloc-là qui ne dit rien qui vaille aux radicaux, voire aux radicaux socialistes. Ils ne voient pas très bien comment la nation la manœuvrerait, directement et unitairement, cette propriété indivise. Ou plutôt ils croient voir assez bien comment, à manœuvrer ainsi, on risquerait de briser des ressorts éprouvés de la production. Les radicaux ont toujours protesté contre les abus de la centralisation dans l'ordre politique. Or qui dit collectivisme dit aussi, semble-t-il, débauche de centralisation dans l'ordre économique. Comment les radicaux ne protesteraient-ils pas, avec plus d'énergie que jamais ?

Mais les mêmes raisons qu'ils font valoir contre le collectivisme valent-elles contre le syndicalisme ? Tout au contraire, il serait facile de prouver que le syndicalisme leur est indispensable. Il est un aboutissant logique de leurs traditions lointaines. Il est aussi, pour la réalisation de leurs aspirations présentes, une nécessité pratique.

Il y a longtemps que M. P. Boncour l'a

ingénieusement montré : rien n'est plus facile que de « transposer », pour la solution des questions sociales, les tendances décentralisatrices en même temps que démocratiques [1] qui ont toujours été dans la tradition radicale. Le régionalisme est le vestibule du *fédéralisme économique*. L'Etat voit de trop loin et de trop haut le détail des réalités : instituons donc, à côté de sa souveraineté centrale, des souverainetés spéciales, plus compétentes en même temps que plus limitées. N'est-ce pas là tout le noyau solide du fédéralisme ? Comment donc des fédéralistes ne seraient-ils pas favorables à un mouvement syndical qui doit être essentiellement décentralisateur ? Cette « administration des choses », qui serait trop lourde au pouvoir central, peut-être des sous-centres professionnels, constitués par des fédérations de syndicats, pourraient-ils utilement la prendre en charge.

Ajoutons que, aujourd'hui plus que jamais, tout le monde sent, pour la puissance de l'Etat, le besoin d'être secondée par la collaboration des groupes professionnels. Le pays, en manifestant sa volonté d'en finir avec la question cléricale, a manifesté aussi, et surtout, sa volonté de poursuivre une politique résolument réformiste. Or pas de politique réformiste qui tienne, sans le soutien de l'organisation syndicale.

On a longtemps accusé les radicaux d'en rester à la glorification de l'individualisme. Maintenant on les accuse volontiers de placer toute leur confiance dans l'Etatisme. Accordez-vous ! La vérité est entre les deux. L'insuffisance du « laissez-faire, laissez-passer », il y a beau jour que les radicaux l'ont constatée. Il y a beau jour qu'ils ont proclamé la nécessité pour l'Etat d'intervenir, afin d'assurer, aux non-propriétaires aussi, ces garanties élémentaires de sécurité que la propriété assure, normalement, à ceux qui en jouissent. Mais ils se sont vite aperçu que, pour la défense du salaire et du loisir, de la santé et de la dignité des prolétaires, l'action lointaine de l'Etat serait bien peu efficace si elle n'était aidée, dirigée et au besoin contrôlée par l'action plus proche des prolétaires organisés. C'est pourquoi le syndicalisme apparaît comme le nécessaire complément de l'interventionnisme. C'est pourquoi le Ministère du Travail a rappelé qu'il ne voulait, qu'il ne pouvait rien faire sans la collaboration des groupements professionnels. C'est pourquoi enfin les réformistes d'aujourd'hui ne peuvent souhaiter qu'une chose : que le prolétariat se serve de ces lois votées par les radicaux pour lui permettre l'action concertée ; qu'il s'en serve pour hâter le vote, pour participer à l'élaboration, pour surveiller enfin l'application des lois nouvelles. C'est dans la logique de l'idée démocratique, élargie par le souci de la solidarité. Bien loin de l'enrayer, nous ne pouvons que pousser à cette roue.

Mais, dira-t-on, prenez garde : si les syndicats grandissent ainsi, par l'action quotidienne, en force et en expérience, ils deviendront des puissances de plus en plus exigeantes. Ils déborderont les cadres primitifs. Ils voudront se mêler de plus en plus à la direction même des entreprises industrielles. Et ainsi, s'ils doivent rester incapables d'administrer, directement et unitairement, on ne sait quelle propriété indivise, du moins seraient-ils capables de limiter de plus en plus les privilèges traditionnels de la propriété privée. La « démocratie industrielle » pourrait bien déposséder peu à peu, progressivement, les rois absolus de l'industrie moderne. Graves changements pour l'ordre économique établi... — Graves changements sans doute. Et puis après? Ces transformations logiques sont-elles pour nous effarer? Où donc avez-vous pris que les radicaux considèrent comme sacro-saint, et immuable à tout jamais, l'ordre économique aujourd'hui établi? De quel droit leur enlevez-vous, avec le sens de l'histoire, le souci des progrès nécessaires?

Les radicaux n'entendent pas sonner l'heure,

répétez-vous. Si. Mais ils se rappellent la profonde parole de Schiller : « L'horloge de la société est une horloge vivante : il faut la réparer sans l'arrêter. » C'est précisément pourquoi, s'ils résistent à l'aventure collectiviste, ils suivent avec une sympathie passionnée les expériences syndicales. En quoi faisant ils se montrent simplement fidèles à leurs principes actuels en même temps qu'à leurs traditions anciennes : solidaristes et fédéralistes.

DOCTRINE ET SENTIMENTS SOLIDARISTES

Le développement de la doctrine solidariste a vraiment été une œuvre collective. Depuis le moment où quelques livres, dont les titres sont aujourd'hui dans toutes les bouches, attiraient à nouveau l'attention sur l'interdépendance des hommes et ses conséquences morales, la discussion publique n'a pas cessé. Ç'a été comme un congrès ininterrompu — un feu roulant de conférences et d'articles [1].

C'est dire combien il est difficile de préciser aujourd'hui l'état de la doctrine. Tant de contributions disséminées manifestent souvent des tendances assez divergentes. Chacun tire à soi le patrimoine commun. Chacun interprète la théorie à sa façon. On serait tenté de dire, en ce sens, qu'il y a presque autant de solidarismes que de solidaristes.

Mais ce trait même est significatif. Il nous

---

1. Rapport présenté au Congrès de l'Éducation sociale. — *Revue de la solidarité sociale*, 1908.

avertit du caractère éclectique de la morale qui nous occupe. Elle prend une position intermédiaire. Elle joue un rôle conciliateur. Sur le terrain qu'elle a choisi, des idéalistes peuvent fraterniser avec des matérialistes. Du solidarisme aussi on peut dire que c'est un carrefour : des bonnes volontés s'y rencontrent qui viennent des quatre points de l'horizon.

On a tiré, de ce caractère, un argument contre le solidarisme. Après les objections, des catholiques — qui l'ont accusé d'être impuissant à mouvoir la volonté — après celles des socialistes révolutionnaires — qui l'ont accusé de travailler à l'affaissement des énergies — sont venues celles des métaphysiciens — qui lui reprochent de ne donner qu'une médiocre satisfaction à leurs exigences intellectuelles. Il ne possède pas de principe propre, disent-ils. Et c'est pourquoi il ne saurait avoir de vertu créatrice, et quelques-uns vont jusqu'à conclure que « doctrinalement le solidarisme n'existe pas ».

Pour répondre à cette critique il faudrait se mettre d'accord, sans doute, sur ce que doivent et peuvent être les doctrines morales et définir ce qui fait leur vertu. D'une manière générale, il semble qu'on reconnaisse aujourd'hui que leur fonction est d'ordonner, plus encore que de créer. Leur force réside dans les sentiments auxquels elles répondent. Elles se bornent à donner à ces sentiments, par les formules qu'elles élaborent, comme un corps intellectuel. Mais ce corps lui-même devient un instrument d'action. L'aspiration est comme portée par la formule, qui la précise en même temps qu'elle la justifie.

Conformément à ces indications, cherchons à quels sentiments le solidarisme a voulu répondre, et — au fur et à mesure qu'il prend une plus claire conscience de ce que ces sentiments exigent — par quelles théories il s'efforce de leur donner satisfaction.

*
* *

Le sentiment « laïque » et le sentiment « réformiste » — l'un entraînant l'autre — — voilà, à n'en pas douter, les deux forces motrices du solidarisme.

Le sentiment laïque est celui qui a été déposé dans les âmes par une expérience séculaire ; celle-là même qui prouve que la plupart des progrès dont l'humanité moderne s'enorgueillit, loin d'avoir été l'œuvre des croyances religieuses, ont été conquis sans elles et souvent malgré elles. Qu'elles restent donc libres, au même titre que toutes les autres ; mais qu'elles ne prétendent plus à un mono-pole et qu'on ne nous répète plus que hors d'elles il n'y a pas de salut pour l'humanité. Comment a-t-elle mis la main sur tant de vérités scientifiques, qui sont comme les clefs de la nature ? A force d'audaces pro-fanes, et en faisant abstraction des traditions consacrées. Avec la même liberté intellec-tuelle qui lui a permis de maîtriser progres-sivement la nature, il lui appartient d'orga-niser rationnellement la société.

Effort d'autant plus nécessaire que, fatale-ment, au fur et à mesure que des esprits plus nombreux s'émancipent, l'exigence col-lective de la justice sociale se fait plus ar-dente. On veut avec une intensité croissante que la terre soit aménagée enfin pour le bien du plus grand nombre. On attend de la so-ciété qu'elle emploie à cet aménagement les forces que l'histoire lui a mises en main. C'est son office, non seulement de relever les écrasés, mais d'empêcher les écrasements ; non seulement de réparer les torts, mais autant que possible de prévenir les heurts. Besognes réparatrices et préventives d'autant plus urgentes que l'humanité devient plus consciente. L'organisation sociale a besoin de les assumer, semble-t-il, pour conserver son prix aux yeux de la raison.

C'est ainsi que le sentiment réformiste se greffe sur le sentiment laïque, et qu'un nombre croissant d'esprits prise par-dessus tout, dans la liberté intellectuelle, une arme pour lutter contre les inégalités sociales.

*
* *

Au sentiment laïque le solidarisme semblait fait pour donner satisfaction par son langage « scientifique ». C'est un fait que les esprits émancipés se défient souvent de la métaphysique, héritière de la religion, et qu'ils placent toute leur confiance dans la science positive.

Or le solidarisme prétendait bâtir sur un « lit de rochers ». Il s'appuyait sur des faits positifs, scientifiquement démontrables. Les hommes dépendent les uns des autres, comme les parties d'un organisme. Ils ne peuvent faire un pas, dire un mot, concevoir une pensée, sans user, directement ou indirectement, d'un énorme capital tant intellectuel que matériel. Le travail de leurs ancêtres l'a accumulé. Celui de leurs contemporains les aide à le mettre en valeur. D'où la *dette sociale*, génératrice de devoirs.

Pour cette démonstration, il est très vrai que le solidarisme utilise la science. Et la démonstration sera d'autant plus saisissante que la science sera plus étendue. La sociologie, qui achève en effet l'œuvre d'investissement scientifique escomptée par le positivisme, fait saillir chaque jour des chaînes nouvelles : elle amène à la pleine lumière de la conscience une foule d'interdépendances inconscientes.

Est-ce donc à dire que la doctrine solidariste repose tout entière sur des constructions scientifiques et que, pour nous provoquer à l'action, il lui suffit d'invoquer les faits ? C'est cette prétention qui a été la plus vivement combattue. On a fait observer que la solidarité, elle aussi, souffle le froid et le chaud, le mal comme le bien. Il y a des interdépendances qui ne font que multiplier la douleur, ou même que provoquer à l'immoralité. En tout cas, l'égoïste cynique se contentera de profiter des solidarités que vous constatez : il ne se sentira pas le moins du monde obligé par ces constatations.

La part de vérité contenue dans ces objections, il nous semble que le solidarisme l'a reconnue par son évolution même. Il nous semble qu'aujourd'hui la plupart de ses propagandistes accorderaient volontiers que la nature est « amorale » et qu'il est assez vain de demander au monde des organismes la solution des questions sociales. Ils reconnaîtraient encore que le fait de la solidarité à lui seul, quand il serait démontré de cent façons, n'inclinerait pas les âmes au bien, si elles n'y étaient orientées d'elles-mêmes par un élan préalable. Force est, en un mot, de postuler dans les âmes l'existence de certaines tendances. « Il faut que la justice soit : toutes les personnalités humaines ont droit à un égal respect ». Posez ces impératifs : l'enseignement solidariste a de la prise; et il est capable, en effet, de faire apparaître de nouveaux devoirs. Mais dans une âme vide toutes ses démonstrations tomberaient à plat.

En ce sens il est permis de soutenir que le solidarisme ne crée pas les forces morales qu'il utilise. Il ne crée pas la volonté de justice (mais quelle doctrine la crée ?). Il la prend comme une donnée sur laquelle il table. Et c'est en escomptant ses réactions qu'il se flatte désormais de substituer, au règne de la solidarité objective, inconsciente et fatale, celui de la solidarité subjective, consciente et contractuelle. C'est dire en d'autres termes que l'élément rationaliste nous paraît, dans la doctrine qui nous occupe, regagner du terrain. Ou du moins, si le solidarisme reste positiviste, il s'est plus clairement convaincu, par l'expérience même, que le positivisme en morale consiste à reconnaître d'abord l'originalité des tendances propres à l'âme humaine :

sans elles, avec la hiérarchie des valeurs, toute notion proprement morale s'efface et s'évanouit. Et peut-être y a-t-il dans cette expérience, pour ceux qui seraient tentés de lier la fortune de l'idée laïque à celle d'un matérialisme étroit, un avertissement utile.

*
* *

Mais si les assauts que le solidarisme a subis l'ont amené à réviser heureusement ses principes philosophiques, ils lui ont aussi fourni l'occasion de préciser ses tendances sociales : on voit plus clairement aujourd'hui quelles perspectives il ouvre au sentiment réformiste.

On n'a pas manqué de remarquer, en effet, qu'il y avait, au fond de la théorie de la dette sociale, un optimisme peut-être excessif. Nous naissons tous, disait-on après Auguste Comte, chargés d'obligations envers la société. Mais encore cela dépend-il de la situation même dans laquelle nous naissons. Beaucoup de vos prétendus débiteurs pourraient montrer, peut-être, un compte en déficit. Les « déshérités » ne seraient-ils pas finalement créanciers plus que débiteurs ? Appliqué à leur cas, votre raisonnement porte à faux.

A quoi les solidaristes se sont empressés de répondre que bien loin de nier ce fait, c'est sur lui, au contraire, qu'ils entendaient attirer l'attention. Oui, la dette sociale pèse sur nous « à des degrés divers ». Oui, à côté de « débiteurs éternellement insolvables », il y a des « créanciers éternellement impayés ». Au fur et à mesure que nous prenons une plus claire conscience de ces répartitions inégales, nous comprenons plus nettement la nécessité d'un grand « redressement des comptes ».

Dès lors, il devient évident que c'est surtout aux « privilégiés » que le discours solidariste s'adresse. Ce sont eux, d'abord, qu'il s'agit de convaincre, non pas seulement afin qu'ils rachètent, en quelque sorte, par ce qu'on appelle les œuvres sociales, leur privilège même, mais afin qu'ils en admettent, afin qu'ils en préparent la croissante limitation par l'intervention collective. La doctrine de la solidarité, à la différence de celle de la charité, reconnaît un droit du déshérité à l'assistance. C'est dire qu'elle est prête à faire entrer en ligne, pour l'organisation de la justice, la force de la loi. Comment, sans son office, opérer cette « mutualisation des risques et des avantages », comment faire vivre ce « vaste système d'assurance sociale », qu'exige une solidarité contractuelle? C'étaient précisément ces transitions qu'entendait faciliter la théorie du quasi-contrat.

Théorie vivement critiquée elle aussi : on

a prétendu qu'elle faisait subir, aux notions qu'elle prétendait emprunter au droit actuel, des déformations abusives. Mais il faut se rendre compte que des déformations pareilles, toute théorie juridique en impose pour peu qu'on s'efforce d'élargir, à la mesure des besoins ressentis par la conscience sociale, les concepts consacrés par les Codes. De divers côtés, on s'efforce ainsi, sous nos yeux, d'adapter le droit aux réalités nouvelles et à l'idéal nouveau qu'elles font surgir.

La théorie du quasi-contrat est un de ces efforts d'adaptation. Sa place est marquée parmi les tentatives de ce qu'on a appelé le « socialisme juridique ». Et peut-être les juristes trouveront-ils, pour transformer le droit, des notions plus « commodes » que celle du quasi-contrat. Celle-ci a du moins l'avantage d'évoquer la tendance rationaliste qui est aussi la tradition de la Révolution française. Elle rappelle que, plus l'humanité devient consciente, plus elle exige que les sociétés s'aménagent *comme si* les individus, au moment d'y entrer, avaient débattu, avec des libertés égales, les conditions de leur collaboration. Elle nous avertit par là même que l'espèce de socialisme auquel elle ouvre ainsi les voies, bien loin d'être la négation de l'individualisme rationaliste, en apparaît comme une conséquence logique.

*
* *

Est-ce donc à dire que les fidèles de la solidarité, ne faisant autre chose qu'ouvrir les voies au socialisme, n'aient plus qu'à abdiquer entre ses mains? On s'est demandé à ce propos, non sans inquiétude, dans certains milieux, si la doctrine solidariste constituerait une « barrière » ou un « pont »...

Il faut le reconnaître : parmi les principes qu'on a invoqués, pour marquer la distinction entre solidarisme et socialisme, il en est plusieurs qui atteignent mal leur but. Il est douteux, par exemple, que tout socialisme nie forcément la liberté des individus, ou fasse de l'Etat une sorte d'entité absorbante. Les socialistes peuvent répondre qu'ils se préoccupent, eux aussi, non d'annihiler, mais de garantir à tous les membres de la société, pour inégaux qu'ils soient d'ailleurs, une indépendance égale. Ils observeront encore que loin de diviniser l'Etat, ils attendent de lui qu'il mette sa force organisée au service des personnes humaines, dont le bien est sa fin véritable. Ils soutiendront en ce sens que leur doctrine aussi se rattache à l'individualisme. Elle veut seulement être « l'individualisme logique et complet ».

La vraie distinction est ailleurs. Elle est moins dans les concepts philosophiques utilisés que dans les solutions économiques proposées et dans les méthodes politiques employées.

Le socialisme proprement dit tient une solution prête — la « solution unique » — de la question sociale : suppression de la propriété privée. Tant qu'elle ne sera pas déracinée, pense-t-il, l'inégalité sous toutes ses formes repoussera. Et la liberté, pour la masse des prolétaires, ne sera toujours qu'un fruit rempli de cendres. C'est à ces affirmations dogmatiques que les solidaristes refusent de souscrire. Non qu'ils considèrent comme intangible le régime actuel de la propriété. Toutes les mesures qu'ils préparent à leur manière ne doivent-elles pas être, après tout, directement ou indirectement, autant de limitations apportées à l'omnipotence des propriétaires? Mais ils n'admettent pas pour autant la nécessité, ils ne conçoivent pas la possibilité de fondre toutes les propriétés privées en une espèce de bloc de propriété indivise, qu'on ne saurait comment manœuvrer. C'est pourquoi sans doute ils préfèrent, au dogmatisme tranchant du collectivisme, un empirisme tâtonnant qui paraît commandé par la prudence la plus élémentaire.

Mais plus encore que les hypothèses économiques, les formes d'action politique séparent solidaristes et socialistes. Entraînés par le besoin d'animer les masses contre le régime capitaliste, ne voit-on pas nombre de ceux-ci, au moins dans certains pays, revenir à l'apologie de la « haine créatrice », et insister de toutes les manières sur les vertus supérieures de la lutte à outrance? C'est précisément parce qu'il leur paraît de nature à favoriser la politique de « paix sociale » qu'ils accusent le solidarisme de travailler à l'affaissement des énergies. Et en effet le solidarisme, s'il proclame le droit ou plutôt le devoir des prolétaires à s'associer pour défendre les intérêts qui leur sont propres, ne veut pas qu'ils méconnaissent pour autant les intérêts qui restent communs, qu'ils soient prolétaires ou non, aux membres d'une de ces sociétés nationales dont l'histoire a fait comme autant d'organismes. Il craint que par la « guerre des classes » le patrimoine matériel et moral ne soit menacé, des nations les plus libres et les plus capables de transformations sans secousses.

C'est dire que le solidarisme garde, sur tous les points, le souci de la continuité nationale. Et c'est pourquoi nous indiquions que c'est au sentiment réformiste, non au sentiment révolutionnaire, que sa démarche obéit.

*
* *

Mais encore faut-il, pour que le solidarisme aboutisse à quelque effet socialement utile, que les sentiments auxquels il répond continuent de vivre dans un nombre suffisant de consciences ardentes. Son rôle est de fournir des arguments, disions-nous, à ceux qui veulent sincèrement greffer sur leur politique laïque une politique sociale ? Mais au fur et à mesure que l'heure des échéances approche, ne voit-on pas beaucoup de ceux qui proclamaient hautement cette nécessité morale s'effarer et crier à l'impossibilité matérielle ? Ne constate-t-on pas que, des excès provoqués par la tactique révolutionnaire, ils tirent trop habilement prétexte pour répéter qu'il est temps de « réagir » ?

Si cet état d'esprit se généralisait, ce serait, à bref délai, la mort du solidarisme. Son rôle serait terminé, sa vitalité s'épuiserait peu à peu, moins par manque de cohérence intellectuelle que par manque d'élan sentimental. Quand les doctrines morales périssent, c'est moins faute de lumière, le plus souvent, que faute de chaleur.

TABLE DES MATIÈRES

IMPRIMERIE DESLIS FRÈRES, 6, RUE GAMBETTA, TOURS.

www.ingramcontent.com/pod-product-compliance
Ingram Content Group UK Ltd.
Pitfield, Milton Keynes, MK11 3LW, UK
UKHW020822120726
13693UKWH00002B/420